画说国学
HUASHUOGUOXUE

孟　子

与经典同行　与圣人为伍

主编　最美母语工作室　本册主编　史林

文化发展出版社
Cultural Development Press

《孟子》是怎样一本书？

1.作 者

《孟子》由孟子及其弟子万章等著。孟子（约前372~前289），名轲，字子舆，邹（今山东省邹城）人，战国时思想家、政治家、教育家。受业于子思的门人，曾游历齐、宋、滕、魏等国，并一度任齐宣王客卿。因其主张不被采纳，辞官回家，开馆讲学，著书立说。其学说对后世影响极大，被尊奉为仅次于孔子的“亚圣”。

商代四羊铜尊

王莽时期所铸货币

2.内 容

《孟子》一书共七篇，内容丰富，涉及哲学、政治、伦理、教育等多个方面，全书采用语录体，以问答对话的方式，展开说理。在政治上，孟子把孔子“仁”的观念发展为“仁政”学说；提出“民为贵，社稷次之，君为轻”的民本思想；主张“法先王”“行仁政”，恢复井田制，薄赋税，省刑罚，使民安居乐业。在哲学上，肯定人性生来是善的，都具有仁、义、礼、智等天赋道德意识，具有“不虑而知”的“良知”和“不学而能”的“良能”，但也重视环境和教育对人的影响，强调人的主观精神作用。在伦理上，提出存心养性说，即求之不得，反求诸己的自我修养方法，以扩展原本就善的人性，达到“富贵不能淫，贫贱不能移，威武不能屈”的境界，养成天地之间一股“浩然之气”。同时，把治学和认识归结为找回失散本心的心性修养问题，强调认识论和伦理学相统一的“天人合一”说。

画说国学版

《孟子》

1 本书从《孟子》中选出90则经典格言，篇篇精彩。

2 原文采用大字注音，并附有准确译文，以便诵读理解。

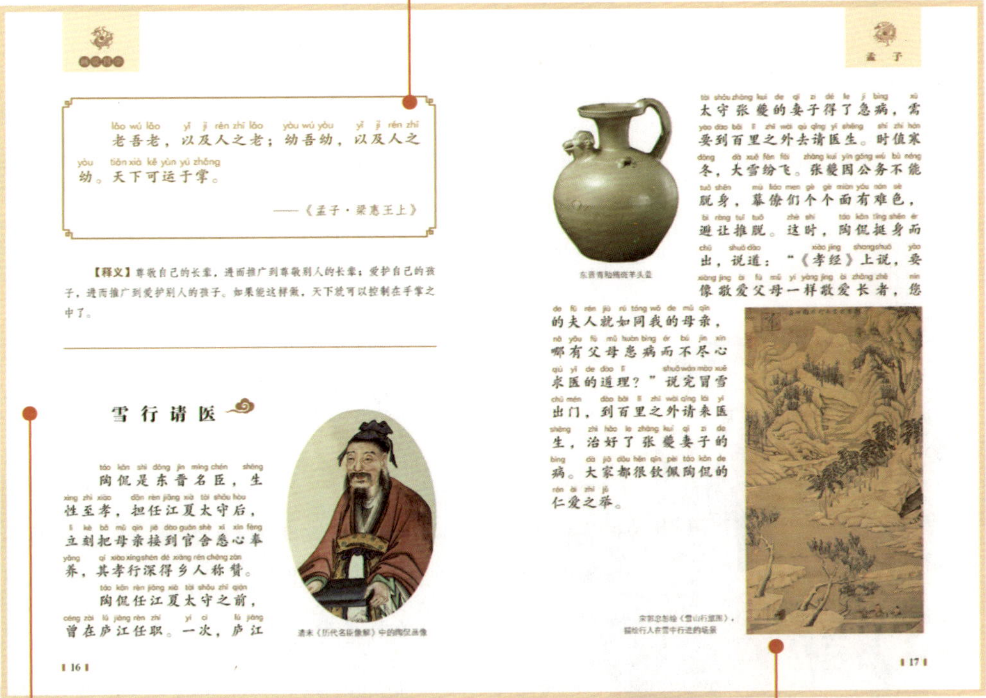
老吾老，以及人之老；幼吾幼，以及人之幼。天下可运于掌。

——《孟子·梁惠王上》

【释义】尊敬自己的长辈，进而推广到尊敬别人的长辈；爱护自己的孩子，进而推广到爱护别人的孩子。如果能这样做，天下就可以控制在手掌之中了。

雪行请医

陶侃是东晋名臣，生性至孝，担任江夏太守后，立刻把母亲接到官舍悉心奉养，其孝行深得乡人称赞。

陶侃任江夏太守之前，曾在庐江任职。一次，庐江太守张夔的妻子得了急病，需要到百里之外去请医生。时值寒冬，大雪纷飞。张夔因公务不能脱身，幕僚们个个面有难色，避让推脱。这时，陶侃挺身而出，说道："《孝经》上说，要像敬爱父母一样敬爱长者，您的夫人就如同我的母亲，哪有父母患病而不尽心求医的道理？"说完冒雪出门，到百里之外请来医生，治好了张夔妻子的病。大家都很钦佩陶侃的仁爱之举。

清末《历代名臣像解》中的陶侃画像

东晋青釉褐斑羊头壶

宋郭忠恕绘《雪山行旅图》，描绘行人在雪中行进的场景

16

17

3 根据每则格言的内容，配以相关的精彩故事，以加深读者对原文精髓的领悟。

4 每则故事还配有原汁原味的古代插画，或反映当时生活情境的文物图片，以尽量还原故事所要表达的思想内涵。

目录

清焦秉贞绘《历朝贤后故事图》之《教训诸王》

gǒu wéi hòu yì ér xiān lì bù duó bú yàn wèi yǒu rén ér yí
苟为后义而先利，不夺不餍。未有仁而遗
qí qīn zhě yě wèi yǒu yì ér hòu qí jūn zhě yě
其亲者也，未有义而后其君者也。

——《孟子·梁惠王上》

【释义】 如果轻义而重利，这样的人不夺走国君的一切是不会满足的。从来没有讲仁义的人会抛弃父母的，也从来没有讲仁义的人会怠慢国君的。

重义轻财

bǔ shì shì xī hàn shí qī de
卜式是西汉时期的
xián shì fù mǔ qù shì hòu bǎ
贤士，父母去世后，把
jiā zhōng de cái chǎn dōu ràng gěi dì
家中的财产都让给弟
di zì jǐ zhǐ yào le yì bǎi duō
弟，自己只要了一百多
zhī yáng shí jǐ nián hòu yáng qún
只羊。十几年后，羊群
fán zhí dào shàng qiān zhī tā mǎi le
繁殖到上千只，他买了
fáng wū zhì bàn le tǔ dì chéng
房屋，置办了土地，成
wéi dāng dì yǒu míng de fù hù ér
为当地有名的富户。而

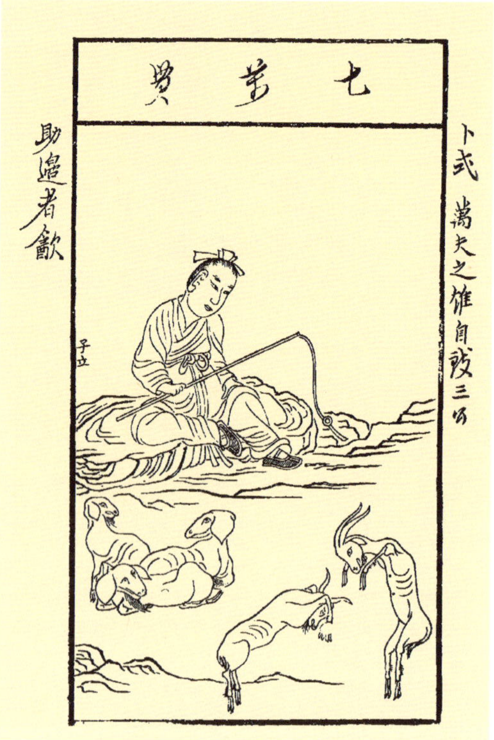

明陈洪绶绘《博古叶子》中的卜式画像，描绘卜式牧羊的场景

西汉铜鼓贮贝器

cǐ shí dì di yīn jīng yíng bú shàn ér pò chǎn
此时弟弟因经营不善而破产，
bǔ shì biàn bǎ zì jǐ de cái chǎn fēn le yí bàn
卜式便把自己的财产分了一半
gěi dì di dà jiā dōu shuō tā shì gè zhòng
给弟弟。大家都说他是个重
qīn qíng bú ài cái de jūn zǐ
亲情、不爱财的君子。

bǔ shì bù jǐn guān ài jiā rén ér
卜式不仅关爱家人，而
qiě hái hěn ài guó dāng shí yóu yú hàn
且还很爱国。当时，由于汉
cháo yǔ xiōng nú lián nián zuò zhàn
朝与匈奴连年作战，
hào fèi le dà liàng qián cái zhì
耗费了大量钱财，致
shǐ guó kù kōng xū wèi cǐ
使国库空虚。为此，
bǔ shì shàng shū hàn wǔ dì biǎo
卜式上书汉武帝，表
shì yuàn yì juān chū zì jǐ de yí
示愿意捐出自己的一
bàn jiā chǎn zī zhù cháo tíng hàn
半家产资助朝廷。汉
wǔ dì zhī dào cǐ shì hòu duō cì
武帝知道此事后，多次
zàn yáng tā zhòng yì qīng cái de hǎo
赞扬他重义轻财的好
pǐn xíng
品行。

清末民初马骀绘《古今人物画谱》之《卜式助边》，讲述卜式无私把财产捐献给朝廷的故事

gǔ zhī rén yǔ mín xié lè gù néng lè yě
古之人与民偕乐，故能乐也。

——《孟子·梁惠王上》

【释义】古代的贤君与百姓同喜同乐，所以能真正得到快乐啊。

苏秧歌

sū shì shì běi sòng wén xué jiā shū huà jiā zài rèn dìng zhōu zhī fǔ qī
苏轼是北宋文学家、书画家。在任定州知府期
jiān kàn dào nóng mín men zài bīng lěng de shuǐ tián li chā yāng dùn shēng cè yǐn zhī
间，看到农民们在冰冷的水田里插秧，顿生恻隐之
xīn sī kǎo rú hé néng jiǎn qīng nóng mín de láo kǔ sū shì jīng tōng yīn lǜ yú
心，思考如何能减轻农民的劳苦。苏轼精通音律，于
shì tā jiù pài rén sōu jí dà liàng tōng sú de gē cí qǔ pái qīn zì zhěng lǐ xiū
是他就派人搜集大量通俗的歌词曲牌，亲自整理修
gǎi chuàng zuò chū hěn duō guān yú chā yāng de gē qǔ bìng zài nóng xián shí jiāo nóng
改，创作出很多关于插秧的歌曲，并在农闲时教农

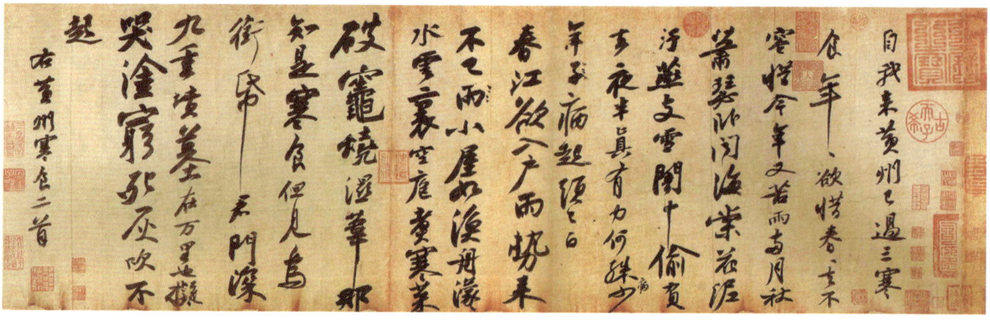

苏轼书法作品《寒食帖》

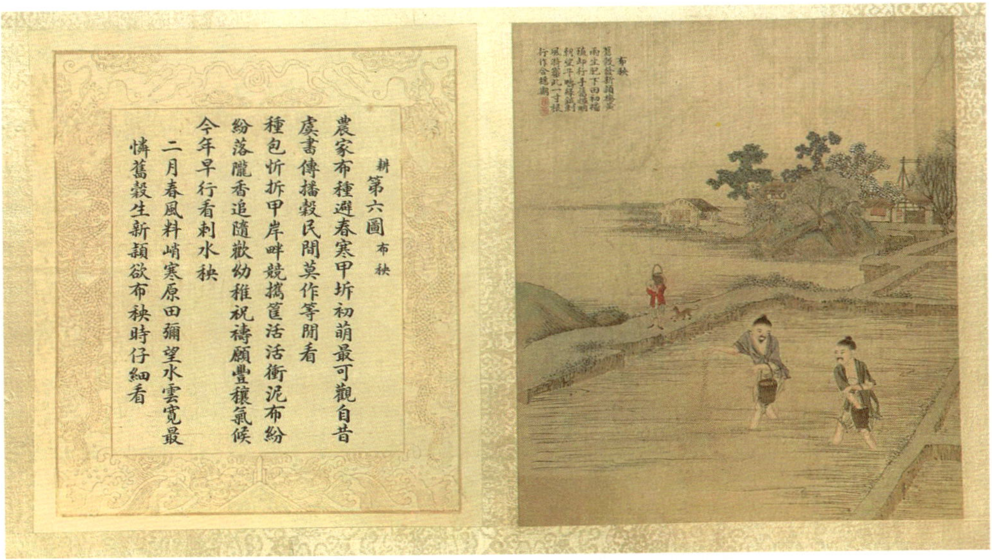

清焦秉贞等绘《康熙御制耕织图》之《布秧》

mín gē chàng
民歌唱。

cóng cǐ dìng zhōu de nóng mín xià dì láo
从此，定州的农民下地劳
zuò shí jiù chàng qǐ yōu měi de dào yāng gē tā
作时，就唱起优美的稻秧歌。他
men wàng jì le pí bèi hé láo kǔ kuài lè de gē
们忘记了疲惫和劳苦，快乐的歌
yáo xiǎng chè tián jiān hòu lái dìng zhōu bǎi xìng de
谣响彻田间。后来，定州百姓的
dào yāng gē guǎng fàn chuán chàng zhú jiàn xíng chéng yí
稻秧歌广泛传唱，逐渐形成一
gè dì fāng jù zhǒng jiù shì xiàn zài réng zài dìng zhōu
个地方剧种，就是现在仍在定州
liú chuán de dìng zhōu yāng ge dāng dì bǎi
流传的“定州秧歌”，当地百
xìng qīn qiè de chēng tā wéi sū yāng ge
姓亲切地称它为“苏秧歌”。

清叶衍兰绘苏轼画像

gǔ yǔ yú biē bù kě shēng shí cái mù bù kě shēng yòng shì
谷与鱼鳖不可胜食，材木不可胜用，是
shǐ mín yǎng shēng sāng sǐ wú hàn yě yǎng shēng sāng sǐ wú hàn wáng
使民养生丧死无憾也。养生丧死无憾，王
dào zhī shǐ yě
道之始也。

——《孟子·梁惠王上》

【释义】粮食和鱼鳖吃不完，木材也用不完，那么百姓对养活生者、安葬死者就没有什么不满。百姓对养活生者、安葬死者没有什么不满，这就是王道的开始。

勾践灭吴

chūn qiū shí qī yuè guó zài hé
春秋时期，越国在和
wú guó de zhàn zhēng zhōng zhàn bài yuè
吴国的战争中战败，越
wáng gōu jiàn tóu xiáng zuò wéi rén zhì dào
王勾践投降，作为人质到
wú guó qù fú yì liǎng nián hòu huí dào
吴国去服役，两年后回到
yuè guó
越国。

gōu jiàn xiàng bǎi xìng jiǎn tǎo zì
勾践向百姓检讨自

清末民初石印本《东周列国志》插图《灭夫差越王称霸》，描绘勾践接受吴国投降的场景

明佚名撰《新镌陈眉公先生批点春秋列国志传》中的插图《勾践三战灭东吴》，描绘越军战船等待出发的场景

己的过失，制定了鼓励生育、轻徭薄赋的政策。社会上的孤寡老人、贫困无依者都由官府收养，贤能之士则由国家供给住房和粮食。勾践还用船装满粮食和酒肉到各地巡视，慰问漂流在外的年轻人，同时亲自参加农业劳动。他十年不向百姓征收赋税，从而使每家都储有三年的口粮。在勾践的苦心经营下，越国的实力不断增强。后来，趁吴王夫差北上争霸之际，勾践发兵灭掉吴国。

越王勾践剑

páoyǒu féi ròu jiù yǒu féi mǎ mínyǒu jī sè yě yǒu è
庖有肥肉，厩有肥马，民有饥色，野有饿
piǎo cǐ shuàishòu ér shí rén yě shòuxiāng shí qiě rén wù zhī
莩，此率兽而食人也。兽相食，且人恶之。
wéi mín fù mǔ xíngzhèng bù miǎn yú shuàishòu ér shí rén wū zài
为民父母，行政不免于率兽而食人。恶在
qí wéimín fù mǔ yě
其为民父母也？

——《孟子·梁惠王上》

【释义】厨房里有肥嫩的肉，马厩里有壮马，而百姓却面有饥色，田野里躺着死人，这就和官员带着野兽来吃人一样。兽类自相残杀，人们尚且感到厌恶。可是现在，作为百姓的父母官，管理政事时却不能避免类似于野兽吃人的现象，怎么能算得上是百姓的父母官呢？

苛政猛于虎

chūn qiū shí qī kǒng zǐ hé dì zǐ men
春秋时期，孔子和弟子们
yǒu yí cì lù guò tài shān jiǎo xià kàn dào yí
有一次路过泰山脚下，看到一
gè fù nǚ zuò zài fén qián kū qì kǒng zǐ ràng
个妇女坐在坟前哭泣。孔子让
zǐ lù qù wènwen fù nǚ wèi shén me kū qì
子路去问问妇女为什么哭泣。

曲阜衍圣公府藏明人绘孔子画像

清刻本《孔子圣迹图》之《泰山问政》，描绘孔子路过泰山，妇女哭诉苛政猛于虎的场景

fù nǚ huí dá shuō
妇女回答说：
cóngqián wǒ de gōng
“从前，我的公
gong bèi lǎo hǔ yǎo sǐ
公被老虎咬死，
hòu lái wǒ de zhàng fu
后来我的丈夫
yě bèi lǎo hǔ yǎo sǐ
也被老虎咬死，
rú jīn wǒ de ér zi yòu
如今我的儿子又
bèi lǎo hǔ chī diào zhè
被老虎吃掉，这
ràng wǒ tòng bú yù shēng
让我痛不欲生。”

kǒng zǐ gǎn dào hěn qí guài wèn tā jì rán zhè lǐ cháng yǒu lǎo hǔ
孔子感到很奇怪，问她：“既然这里常有老虎
shāng rén nǐ men wèi shén me bù lí kāi ne fù nǚ huí dá dào zhè lǐ
伤人，你们为什么不离开呢？”妇女回答道：“这里
suī rán huāng pì qiě yǒu lǎo hǔ shāng rén què méi yǒu kē juān zá shuì hé fán zhòng
虽然荒僻，且有老虎伤人，却没有苛捐杂税和繁重
de yáo yì suǒ yǐ wǒ men bù xiǎng bān zǒu
的徭役，所以我们不想搬走。”

kǒng zǐ tīng hòu gǎn kǎi de duì dì zǐ men shuō nǐ men jì zhù kē
孔子听后，感慨地对弟子们说：“你们记住，苛
zhèng bǐ lǎo hǔ hái yào
政比老虎还要
xiōng hěn a
凶狠啊！”

明刻本《孔子圣迹图》之《泰山问政》，情景与上图相似

wáng rú shī rén zhèng yú mín shěng xíng fá bó shuì liǎn shēn
王如施仁政于民，省刑罚，薄税敛，深
gēng yì nòu zhuàng zhě yǐ xiá rì xiū qí xiào tì zhōng xìn rù yǐ
耕易耨；壮者以暇日修其孝悌忠信，入以
shì qí fù xiōng chū yǐ shì qí zhǎng shàng kě shǐ zhì tǐng yǐ tà qín
事其父兄，出以事其长上，可使制梃以挞秦
chǔ zhī jiān jiǎ lì bīng yǐ
楚之坚甲利兵矣。

——《孟子·梁惠王上》

【释义】大王如果对百姓施行仁政，减轻刑罚，少收赋税，让百姓有时间深耕细作，及时除草；让年轻人利用闲暇时间学习孝顺、尊敬、忠诚、守信的品德，在家时侍奉父母和兄长，外出时服从长辈和上级，这样，即使让他们手持棍棒，也足以抗击身披坚固铠甲、手持锐利武器的秦、楚军队了。

东汉绿釉水波纹陶壶

一钱太守

liú chǒng shì dōng hàn shí de qīng guān rèn kuài jī jùn tài shǒu qī jiān wéi
刘宠是东汉时的清官，任会稽郡太守期间，为
guān qīng lián zhèng jì zhuó zhù shēn shòu bǎi xìng ài dài liú chǒng lí rèn shí bǎi
官清廉，政绩卓著，深受百姓爱戴。刘宠离任时，百

汉代使用的五铢钱

姓纷纷前来送行。几位长者代表全郡百姓，每人送给他一百文铜钱以表心意。刘宠盛情难却，从每人手里拿了一枚钱。等送行的人离去后，他将这几枚钱投入江中。

人们知道此事后，十分感动，给他起了个“一钱太守”的绰号，并将他投钱的江改名为“钱清江”。据说，自从刘宠把钱投入江中后，江水变得更清了。后来，人们还在江边修建了“一钱亭”和“一钱太守庙”，用来纪念他。“一钱太守”这个绰号从此深入人心，流芳千古。

清末民初马骀绘《古今人物画谱》之《一钱太守》，讲述刘宠离任时，百姓为他送行，他只取一钱的故事

保民而王，莫之能御也。

——《孟子·梁惠王上》

【释义】爱护百姓，就能统一天下，这是任何人都阻挡不了的。

约法三章

公元前206年，刘邦率领大军攻入关中，秦王子婴向刘邦投降。刘邦进入咸阳后，本想住进豪华的王宫享受一番，大将樊哙和谋士张良告诫他不要这样做，以免失去人心。刘邦接受他们的意见，下令将宫殿、财宝、仓库等封存起来，然后退兵灞上。

明人绘汉高祖刘邦画像

为了争取民心，刘邦

bǎ guān zhōng gè xiàn fù lǎo xiāng shēn
把关中各县父老、乡绅
zhào jí qǐ lái zhèng zhòng de xiàng tā
召集起来，郑重地向他
men xuān bù qín cháo de yán xíng
们宣布：“秦朝的严刑
kē fǎ bǎ nǐ men hài kǔ le yīng gāi
苛法把你们害苦了，应该
quán bù fèi chú xiàn zài wǒ yǔ dà jiā
全部废除。现在我与大家
yuē dìng sān tiáo fǎ lǜ shā rén zhě yào
约定三条法律：杀人者要
chǔ sǐ shāng rén zhě yào zhì zuì dào
处死，伤人者要治罪，盗
qiè zhě yào chǔ fá lǎo bǎi xìng tīng le rè liè yōng hù fēn fēn qǔ chū niú
窃者要处罚！”老百姓听了，热烈拥护，纷纷取出牛
yáng jiǔ shí wèi láo liú bāng de jūn duì yuē fǎ sān zhāng shǐ liú bāng dé dào
羊酒食慰劳刘邦的军队。“约法三章”使刘邦得到
bǎi xìng de xìn rèn
百姓的信任
hé zhī chí wèi
和支持，为
xī hàn wáng cháo
西汉王朝
de jiàn lì diàn dìng
的建立奠定
le jī chǔ
了基础。

清人绘樊哙画像

明张居正、吕调阳所撰《帝鉴图说》中的《入关约法》图，讲述刘邦进入咸阳后约法三章的故事

xié tài shān yǐ chāo běi hǎi　yù rén yuē　wǒ bù néng
挟太山以超北海，语人曰“我不能”，
shì chéng bù néng yě　wèi zhǎng zhě zhé zhī　yù rén yuē　wǒ bù
是诚不能也。为长者折枝，语人曰“我不
néng　shì bù wéi yě　fēi bù néng yě
能”，是不为也，非不能也。

——《孟子·梁惠王上》

【释义】要人在胳膊底下挟着泰山跨越北海，这人告诉别人说“我做不到”，这是真的做不到。为年长的人折取树枝，这人告诉别人说“我做不到”，这是不去做，而不是做不到。

墨子弭战

zhàn guó shí qī
战国时期，
chǔ huì wáng xiǎng gōng dǎ sòng
楚惠王想攻打宋
guó　yóu yú sòng guó guó dū
国，由于宋国国都
de chéng qiáng hěn gāo　biàn
的城墙很高，便
qǐng lái dāng shí de néng gōng
请来当时的能工

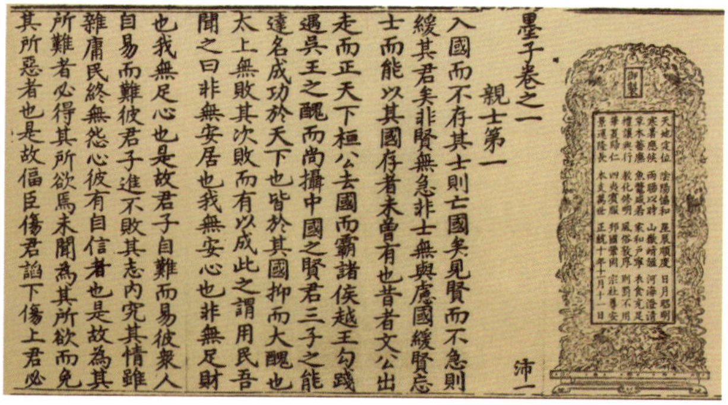
墨子卷之一
親士第一
入國而不存其士則亡國矣見賢而不急則緩其君矣非賢無急非士無與慮國緩賢忘士而能以其國存者未曾有也昔者文公出走而正天下桓公去國而霸諸侯越王句踐遇吳王之醜而尚攝中國之賢君三子之能達名成功於天下也皆於其國抑而大醜也太上無敗其次敗而有以成此之謂用民吾聞之曰非無安居也我無安心也非無足財也我無足心也是故君子自難而易彼衆人自易而難彼君子進不敗其志內究其情雖雜庸民終無怨心彼有自信者也是故為其所難者必得其所欲焉未聞為其所欲而免其所惡者也是故偪臣傷君諂下傷上君必

明刻本《墨子》书影

河北武强年画《赵州石桥》，桥下站立者为鲁班，相传赵州桥为鲁班所修。鲁班是战国时期的能工巧匠，被尊为工匠祖师

qiǎo jiàng lǔ bān, shè jì le yì zhǒng gōng chéng de yún tī. mò zǐ zhī dào zhè jiàn shì hòu, bù fēn zhòu yè de gǎn dào chǔ guó.

巧匠鲁班，设计了一种攻城的云梯。墨子知道这件事后，不分昼夜地赶到楚国。

jiàn dào chǔ wáng hòu, mò zǐ shuō: "nǐ bú shì kào yún tī gōng dǎ sòng guó ma? kě zhè ge yún tī lián wǒ dōu duì fu bù liǎo, bú xìn wǒ jiù hé lǔ bān xiān sheng bǐ shi yí xià." jié guǒ, zài yǎn shì gōng chéng de guò chéng zhōng, lǔ bān shǐ zhōng bù néng qǔ shèng. chǔ wáng xiǎng shā mò zǐ, mò zǐ shuō: "wǒ zǎo yǐ pài le sān bǎi míng xué shēng dài zhe wǒ shè jì de fáng yù gōng jù děng zài sòng guó, shā le wǒ yě méi yǒu yòng." zuì zhōng, chǔ wáng méi yǒu shā mò zǐ, bìng qiě zài yě bù gǎn tí gōng dǎ sòng guó de shì le.

见到楚王后，墨子说："你不是靠云梯攻打宋国吗？可这个云梯连我都对付不了，不信我就和鲁班先生比试一下。"结果，在演示攻城的过程中，鲁班始终不能取胜。楚王想杀墨子，墨子说："我早已派了三百名学生带着我设计的防御工具等在宋国，杀了我也没有用。"最终，楚王没有杀墨子，并且再也不敢提攻打宋国的事了。

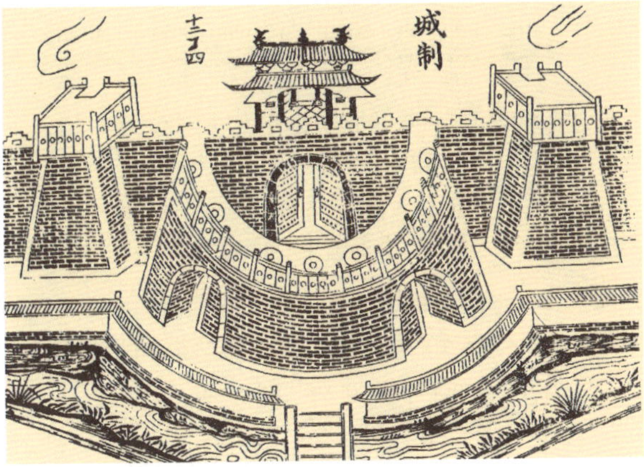

明刊本《武经总要》中的《制城图》，详细绘制了古代城的防御设施情况

lǎo wú lǎo　yǐ jí rén zhī lǎo　yòu wú yòu　yǐ jí rén zhī
老吾老，以及人之老；幼吾幼，以及人之
yòu　tiān xià kě yùn yú zhǎng
幼。天下可运于掌。

——《孟子·梁惠王上》

【释义】尊敬自己的长辈，进而推广到尊敬别人的长辈；爱护自己的孩子，进而推广到爱护别人的孩子。如果能这样做，天下就可以控制在手掌之中了。

雪行请医

清末《历代名臣像解》中的陶侃画像

táo kǎn shì dōng jìn míng chén　shēng
陶侃是东晋名臣，生
xìng zhì xiào　dān rèn jiāng xià tài shǒu hòu
性至孝，担任江夏太守后，
lì kè bǎ mǔ qīn jiē dào guān shè xī xīn fèng
立刻把母亲接到官舍悉心奉
yǎng　qí xiào xíng shēn dé xiāng rén chēng zàn
养，其孝行深得乡人称赞。

táo kǎn rèn jiāng xià tài shǒu zhī qián
陶侃任江夏太守之前，
céng zài lú jiāng rèn zhí　yí cì　lú jiāng
曾在庐江任职。一次，庐江

东晋青釉褐斑羊头壶

太守张夔的妻子得了急病，需要到百里之外去请医生。时值寒冬，大雪纷飞。张夔因公务不能脱身，幕僚们个个面有难色，避让推脱。这时，陶侃挺身而出，说道：“《孝经》上说，要像敬爱父母一样敬爱长者，您的夫人就如同我的母亲，哪有父母患病而不尽心求医的道理？”说完冒雪出门，到百里之外请来医生，治好了张夔妻子的病。大家都很钦佩陶侃的仁爱之举。

宋郭忠恕绘《雪山行旅图》，描绘行人在雪中行进的场景

权，然后知轻重；度，然后知长短。物皆然，心为甚。

——《孟子·梁惠王上》

【释义】称一称，才知道分量的轻重；量一量，才知道东西的长短。什么东西都是如此，人心更是这样。

九方皋相马

清吴友如绘《古今人物百图》之《伯乐相马》，描绘伯乐发现千里马的场景

春秋时期，秦国的伯乐被称作天下第一相马专家。但他年事已高，秦穆公问他子孙中谁能继承他的相马之术。伯乐说：“我的子孙只能识别普通的良马，九方皋相马之术精湛高妙，能够辨别骏马。”于是，秦穆公请九方皋去寻找天下最好的骏马。

南宋佚名绘《相马图》

sān gè yuè hòu jiǔ
三个月后，九
fāng gāo shuō zhǎo dào le yì pǐ
方皋说找到了一匹
huáng sè de mǔ mǎ kě sòng
黄色的母马，可送
lái hòu què shì yì pǐ hēi sè de
来后却是一匹黑色的
gōng mǎ qín mù gōng hěn bù
公马。秦穆公很不
gāo xìng mán yuàn bó lè shuō
高兴，埋怨伯乐说
jiǔ fāng gāo gēn běn bú huì xiàng
九方皋根本不会相
mǎ bó lè què zàn tàn dào
马。伯乐却赞叹道：
zhè zhèng shì tā de gāo míng zhī chù a dòng chá shí zhì dīng zhù mǎ de nèi zài
“这正是他的高明之处啊！洞察实质，盯住马的内在
ér bù wéi qí wài biǎo suǒ mí huò jiǔ fāng gāo xiàng mǎ de zào yì yuǎn yuǎn shèng guò
而不为其外表所迷惑，九方皋相马的造诣远远胜过
le wǒ jīng yàn zhèng zhè guǒ rán shì yì pǐ jué shì de jùn mǎ
了我！”经验证，这果然是一匹绝世的骏马。

唐韩幹（款）《相马图卷》

缘木求鱼，虽不得鱼，无后灾。以若所为，求若所欲，尽心力而为之，后必有灾。

——《孟子·梁惠王上》

【释义】 爬上树去捉鱼，即使捉不到鱼，也不会有什么灾祸。用你的行为谋取你想要的，费尽心思地去做，事后一定会有灾祸。

董卓自毙

董卓是东汉末年的军阀，趁朝政混乱之际，率军进驻洛阳，废掉皇帝，另立刘协（即汉献帝）为傀儡皇帝，独揽朝政大权。

董卓专权期间，对朝廷中的大臣肆意杀戮，对天下

清绣像本《三国演义》中的董卓画像

清末年画《凤仪亭》，讲述王允使用美人计除掉董卓的故事

de bǎi xìng rén yì qī líng jié guǒ tā de bào xíng yǐn qǐ rén men de fèn nù
的百姓任意欺凌。结果，他的暴行引起人们的愤怒，
yǐ yuán shào wéi shǒu de shí jǐ wàn dà jūn tǎo fá dǒng zhuó dǒng zhuó zì zhī guǎ bù dí
以袁绍为首的十几万大军讨伐董卓。董卓自知寡不敌
zhòng xié chí hàn xiàn dì táo dào cháng ān sī tú wáng yǔn duì dǒng zhuó hèn zhī rù
众，挟持汉献帝逃到长安。司徒王允对董卓恨之入
gǔ lì yòng měi rén jì jiāng tā chú diào dǒng zhuó
骨，利用美人计将他除掉。董卓
sǐ hòu jiā shǔ yě shòu dào zhū lián dāng shí tā
死后，家属也受到株连，当时他
de mǔ qīn yǐ jīng jiǔ shí duō suì yě bèi yī fǎ chǔ
的母亲已经九十多岁，也被依法处
sǐ dǒng zhuó de è xíng bù jǐn shǐ qí jiā shǔ shòu dào
死。董卓的恶行不仅使其家属受到
qiān lián shèn zhì lián nián mài de lǎo mǔ yě nán táo yì
牵连，甚至连年迈的老母也难逃一
sǐ shí zài shì kě bēi a
死，实在是可悲啊！

东汉明器彩绘陶仓楼

míng jūn zhì mín zhī chǎn bì shǐ yǎng zú yǐ shì fù mǔ
明君制民之产，必使仰足以事父母，
fǔ zú yǐ xù qī zǐ lè suì zhōng shēn bǎo xiōng nián miǎn yú sǐ
俯足以畜妻子，乐岁终身饱，凶年免于死
wáng rán hòu qū ér zhī shàn gù mín zhī cóng zhī yě qīng
亡。然后驱而之善，故民之从之也轻。

——《孟子·梁惠王上》

【释义】贤明的君主制定百姓的产业规模，一定要让他们上足以赡养父母，下足以抚养妻儿，好年成丰衣足食，坏年成也不致饿死。然后引导他们走为善之路，百姓就会很容易听从了。

王安石变法

běi sòng shén zōng shí qī wáng ān shí
北宋神宗时期，王安石
shàng wàn yán shū tí chū biàn fǎ zhǔ zhāng yāo
上万言书，提出变法主张，要
qiú gǎi biàn jī pín jī ruò de jú miàn
求改变“积贫积弱”的局面，
tuī xíng fù guó qiáng bīng zhèng cè yǐ gǒng
推行富国强兵政策，以巩
gù sòng wáng cháo de tǒng zhì nián
固宋王朝的统治。1069年，

清殿藏本王安石画像

北宋白釉五足香炉

wáng ān shí rèn cān zhī zhèng shì cì nián rèn zǎi
王安石任参知政事，次年任宰
xiàng zhǔ chí biàn fǎ
相，主持变法。

wáng ān shí suǒ xíng xīn fǎ zhǔ yào yǒu jūn
王安石所行新法主要有均
shū fǎ qīng miáo fǎ nóng tián shuǐ lì fǎ
输法、青苗法、农田水利法、
miǎn yì fǎ fāng tián jūn shuì fǎ bǎo jiǎ fǎ
免役法、方田均税法、保甲法
děng tóng shí gǎi gé kē jǔ hé xué xiào zhì dù
等，同时改革科举和学校制度，
yǐ jīng yì cè lüè shì jìn shì bìng qīn zì wèi jiào
以经义策略试进士，并亲自为教
cái zuò zhù péi yǎng biàn fǎ rén cái biàn fǎ qǔ dé yí dìng chéng xiào cái zhèng
材作注，培养变法人才。变法取得一定成效，财政
zhuàng kuàng yǒu suǒ gǎi shàn cháo tíng zhōng wài fǔ kù wú bù chōng yíng jūn shì
状况有所改善，朝廷“中外府库无不充盈”；军事
shang qǔ dé duì xī xià xī hé zhàn yì de shèng lì dàn yóu yú fǎn duì pài guò yú
上取得对西夏熙河战役的胜利。但由于反对派过于
qiáng dà biàn fǎ zuì zhōng shī bài
强大，变法最终失败。

北宋张择端绘《清明上河图》（局部），描绘北宋京城汴梁的繁华景象

yuē dú yuè lè yǔ rén yuè lè shú lè yuē
曰：“独乐乐，与人乐乐，孰乐？”曰：
bú ruò yǔ rén yuē yǔ shǎo yuè lè yǔ zhòng yuè
“不若与人。”曰：“与少乐乐，与众乐
lè shú lè yuē bú ruò yǔ zhòng
乐，孰乐？”曰：“不若与众。”

——《孟子·梁惠王下》

【释义】孟子说：“一个人单独欣赏音乐的快乐，与跟别人一起欣赏音乐的快乐，哪一种更快乐？”齐宣王回答说：“不如与别人一起欣赏音乐更快乐。”孟子说：“跟少数人一起欣赏音乐的快乐，与跟多数人一起欣赏音乐的快乐，哪一种更快乐？”齐宣王说：“不如跟多数人一起欣赏音乐更快乐。”

文王筑台

zhōu wén wáng shì xī zhōu wáng cháo
周文王是西周王朝
de diàn jī zhě yǐ xián dé zhù chēng yí
的奠基者，以贤德著称。一
cì wén wáng yào xiū zhù gāo tái wā jué
次，文王要修筑高台，挖掘
shēn chí bǎi xìng tīng le fēn fēn dài zhe
深池，百姓听了，纷纷带着

明人绘周文王画像

清焦秉贞绘《历朝贤后故事图》之《麟趾贻休》，赞美周文王后妃太姒的仁厚之德

gān liang ná zhe gōng jù
干粮，拿着工具，
zì gào fèn yǒng de qián lái cān
自告奋勇地前来参
jiā láo dòng wén wáng pà tā
加劳动。文王怕他
men lèi zhe fǎn fù dīng zhǔ
们累着，反复叮嘱
tā men màn màn lái bú yào
他们慢慢来，不要
lèi huài le shēn tǐ bǎi xìng
累坏了身体。百姓
tīng le wén wáng de huà fǎn
听了文王的话，反
ér gàn de gèng jiā qǐ jìn er láo dòng gèng jiā kuài lè le
而干得更加起劲儿，劳动更加快乐了。

gāo tái jiàn chéng shēn chí wā hǎo bǎi xìng bǎ tái jiào zuò líng tái bǎ chí jiào
高台建成，深池挖好，百姓把台叫作灵台，把池叫
zuò líng chí bìng wèi zhè lǐ pǎo yǒu mí lù yóu yǒu yú biē gǎn dào gāo xìng suǒ yǐ
作灵池，并为这里跑有麋鹿、游有鱼鳖感到高兴。所以
shī jīng líng tái shang shuō líng tái chū jiàn bǎi xìng jìn lì wáng shuō bù
《诗经·灵台》上说：“灵台初建，百姓尽力。王说不
jí mín gèng yòng lì wáng dào lù yuàn lù wò niǎo fēi wáng dào líng chí yú yuè
急，民更用力。王到鹿苑，鹿卧鸟飞。王到灵池，鱼跃
shuǐ bì zhè shì
水碧。”这是
duō me lìng rén kuài lè
多么令人快乐
de shì a
的事啊！

清廖鸿章绘《历代帝王巡幸图》之周文王卷，描绘周文王访贤遇到姜太公时的场景

wáng yuē　guǎ rén yǒu jí　guǎ rén hào yǒng　duì yuē　wáng
王曰：“寡人有疾，寡人好勇。”对曰：“王
qǐng wú hào xiǎo yǒng　fú fǔ jiàn jí shì yuē　bǐ wū gǎn dāng wǒ
请无好小勇。夫抚剑疾视曰，‘彼恶敢当我
zāi　cǐ pǐ fū zhī yǒng　dí yì rén zhě yě　wáng qǐng dà zhī
哉！’此匹夫之勇，敌一人者也。王请大之！”

——《孟子·梁惠王下》

【释义】 齐宣王说：“我有个毛病，就是逞强好勇。”孟子答道：“请大王不要喜欢小的勇敢。有人手按宝剑瞪着眼睛说：‘他怎么敢抵挡我呢？’这只是普通人的勇敢，只能抵挡一个人。希望大王能够扩大它。”

垓下之败

清人绘西楚霸王项羽画像

qín cháo miè wáng hòu　xiàng yǔ hé liú bāng
秦朝灭亡后，项羽和刘邦
zhī jiān jìn xíng le cháng dá wǔ nián de zhēng bà zhàn
之间进行了长达五年的争霸战
zhēng　qǐ chū　xiàng yǔ zhàn yǒu yōu shì　dàn yóu
争。起初，项羽占有优势，但由
yú gāng bì zì yòng　hào qiáng chěng yǒng　duō cì
于刚愎自用，好强逞勇，多次
zuò zhàn hòu　yōu shì jiàn jiàn sàng shī　gōng yuán
作战后，优势渐渐丧失。公元

清末年画《张良吹箫破楚兵》，讲述张良吹遍洞箫，教士卒学唱楚歌，最终大败楚军的故事

qián nián sì shí wàn
前202年，四十万
hàn jūn jiāng xiàng yǔ bāo wéi
汉军将项羽包围
zài gāi xià liú bāng cǎi
在垓下。刘邦采
yòng sì miàn chǔ gē
用“四面楚歌”
zhī jì wǎ jiě le chǔ
之计，瓦解了楚
jūn jūn xīn
军军心。

xiàng yǔ jiàn dà shì yǐ qù shuài lǐng bā bǎi yǒng shì tū wéi xiàng yǔ chōng
项羽见大势已去，率领八百勇士突围。项羽冲
shā zài qián hàn jūn xià de fēn fēn hòu tuì bù xià qí shēng chēng zàn xiàng yǔ suǒ
杀在前，汉军吓得纷纷后退，部下齐声称赞项羽所
xiàng wú dí hòu lái xiàng yǔ tū chū chóng wéi lái dào wū jiāng biān wū jiāng
向无敌。后来，项羽突出重围，来到乌江边。乌江
tíng zhǎng quàn tā dù jiāng xiàng yǔ bēi
亭长劝他渡江，项羽悲
tàn dào dāng chū wǒ shuài bā qiān zǐ
叹道：“当初我率八千子
dì dù jiāng xī jìn ér jīn wú yì rén
弟渡江西进，而今无一人
shēng huán wǒ hái yǒu hé yán miàn jiàn
生还，我还有何颜面见
jiāng dōng fù lǎo shuō wán bá jiàn
江东父老。”说完，拔剑
zì wěn
自刎。

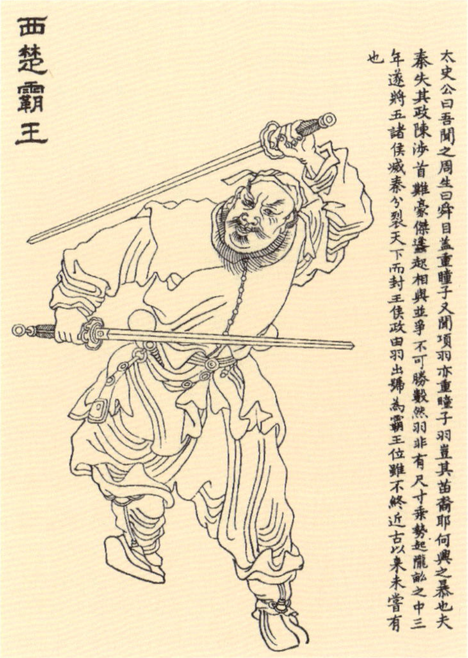

清上官周绘《晚笑堂竹庄画传》中的项羽画像

lè mín zhī lè zhě　mín yì lè qí lè　yōu mín zhī yōu zhě
乐民之乐者，民亦乐其乐；忧民之忧者，
mín yì yōu qí yōu　lè yǐ tiān xià　yōu yǐ tiān xià　rán ér bú
民亦忧其忧。乐以天下，忧以天下，然而不
wàng zhě　wèi zhī yǒu yě
王者，未之有也。

——《孟子·梁惠王下》

【释义】国君以百姓的快乐为快乐，百姓也会以国君的快乐为快乐；国君以百姓的忧愁为忧愁，百姓也会以国君的忧愁为忧愁。与天下的百姓一起快乐，与天下的百姓一起忧愁，这样做了而不能取得天下的，还从未听说过。

晏子进谏

chūn qiū shí qī　yàn zǐ dān rèn qí
春秋时期，晏子担任齐
guó xiàng guó qī jiān　lǚ cì quàn jiàn qí jǐng
国相国期间，屡次劝谏齐景
gōng yào yǔ mín tóng lè　dà duō shōu dào le
公要与民同乐，大多收到了
jiào hǎo de xiào guǒ
较好的效果。
yǒu yì nián dōng tiān　jiē lián xià
有一年冬天，接连下

清末《历代名臣像解》中的晏婴画像

明金忠编《瑞世良英》卷三之《齐晏子为相》，讲述晏婴节俭的故事

了三天鹅毛大雪。齐景公身穿狐裘皮袄，坐在殿堂侧面的台阶上。晏子拜见景公，景公说：“奇怪呀！下了三天雪，天却不冷。”晏子说：“我听说，古代的贤明国君自己吃饱了还知道有人挨饿，自己穿暖了还知道有人受冻，自己安逸时还知道别人的劳苦。您现在却不知道啊！”景公很惭愧，听从晏子的建议，下令从国库中拿出皮袄，取出粮食，救济那些饥寒的百姓。接受救济的百姓高兴得奔走相告。

明人绘《孔子圣迹图》之《晏婴沮封》，图中跪地者为晏婴，他在向齐景公阐述儒者不堪重用，阻止齐景公加封孔子

cóng liú xià ér wàng fǎn wèi zhī liú cóng liú shàng ér wàng fǎn
从流下而忘反谓之流，从流上而忘反
wèi zhī lián cóngshòu wú yàn wèi zhī huāng lè jiǔ wú yàn wèi zhī wáng
谓之连，从兽无厌谓之荒，乐酒无厌谓之亡。
xiānwáng wú liú lián zhī lè huāngwáng zhī xíng
先王无流连之乐、荒亡之行。

——《孟子·梁惠王下》

【释义】顺流而下的玩乐而不知返，叫作流；逆流而上的玩乐而不知返，叫作连；不知满足的打猎，叫作荒；毫无节制的饮酒，叫作亡。古代的圣贤君王都没有流连的享乐和荒亡的行为。

河南偃师二里头出土夏代灰陶盉

太康失国

xià qǐ qù shì hòu tài kāng jì chéngwáng wèi tài kāng yí wèi zhuī qiú ān
夏启去世后，太康继承王位。太康一味追求安
yì xiǎng lè de shēng huó yǐ zhì yú fàngdàng bù jī dé xíng jìn shī tiān xià zhū
逸享乐的生活，以至于放荡不羁，德行尽失，天下诸
hóu hé bǎi xìng dōu yǒu le bèi pàn tā de xīn si tài kāng fēi dàn méi yǒu huǐ gǎi zhī
侯和百姓都有了背叛他的心思。太康非但没有悔改之
xīn fǎn ér biàn běn jiā lì yóu lè wú dù
心，反而变本加厉，游乐无度。

yǒu yí cì tài kāng dào
有一次，太康到
luò shuǐ yí dài qù dǎ liè yóu yú
洛水一带去打猎，由于
wán de xìng qǐ jìng zài nà lǐ yì
玩得兴起，竟在那里一
dāi jiù shì yì bǎi tiān zǎo bǎ cháo
待就是一百天，早把朝
zhōng dà shì pāo dào le nǎo hòu nà
中大事抛到了脑后。那
shí yǒu qióng shì shǒu lǐng hòu yì
时，有穷氏首领后羿
zǎo jiù duì tiān zǐ de wèi zhì chuí xián
早就对天子的位置垂涎
yù dī tā jiàn yǒu jī kě chéng
欲滴，他见有机可乘，

清末《钦定书经图说·五子之歌》一章中的《后羿距河图》，描绘夏代太康时期，后羿出兵，将太康拒之于黄河以南的场景

jiù fā bīng huáng hé běi àn bǎ tài kāng
就发兵黄河北岸，把太康
jù zhī yú huáng hé yǐ nán tài kāng wú
拒之于黄河以南。太康无
fǎ fǎn huí guó dū táo dào dōng fāng yí
法返回国都，逃到东方一
gè dì fang jīn hé nán tài kāng
个地方（今河南太康），
zuì zhōng sǐ zài nà lǐ xià cháo bèi yǒu
最终死在那里。夏朝被有
qióng shì qǔ dài shī guó cháng dá sì shí
穷氏取代，失国长达四十
yú nián
余年。

清末《钦定书经图说·五子之歌》一章中的《太康盘游图》，描绘太康在洛水一带打猎，流连忘返的场景

yuē zéi rén zhě wèi zhī zéi zéi yì zhě wèi zhī
曰：“贼仁者谓之‘贼’，贼义者谓之
cán cán zéi zhī rén wèi zhī yī fū wén zhū yī fū zhòu
‘残’，残贼之人谓之‘一夫’。闻诛一夫纣
yǐ wèi wén shì jūn yě
矣，未闻弑君也。”

——《孟子·梁惠王下》

【释义】孟子说：“危害仁爱的人被称为‘贼’，伤害道义的人被称为‘残’，‘残、贼’俱全的人被称为‘一夫’。我只听说周武王杀了‘一夫’纣，而没听说过他以下犯上杀害君王。”

武王伐纣

shāng cháo zuì hòu yí gè guó wáng zhòu
商朝最后一个国王纣
wáng bào nüè wú dào tā zì shì cái lì
王暴虐无道，他自恃才力，
dú duàn zhuān xíng zhòu wáng chǒng ài yí
独断专行。纣王宠爱一
gè jiào dá jǐ de fēi zi zhěng tiān péi zhe
个叫妲己的妃子，整天陪着
tā yóu xì wán lè bù lǐ cháo zhèng wèi
她游戏玩乐，不理朝政。为

明人绘周武王画像

西周初期铜器利簋及铭文，记载了武王伐纣灭商一事

了增添享乐的钱财，他不惜加重苛捐杂税；为了充实粮仓，他更是横征暴敛。臣下劝谏，他不但不听，反而发明了许多可怕的刑罚，并将直言进谏的比干剖心处死。百姓怨声载道，许多诸侯背叛了他。

周武王见时机成熟，率兵征讨纣王，双方在牧野展开决战。纣王的军队临阵倒戈，一败涂地。纣王见大势已去，逃回城内，在储藏财宝的鹿台自焚而死，商朝灭亡。

清末《钦定书经图说·牧誓》一章中的《牧野誓师图》，讲述周武王在牧野誓师，率众打败纣王的故事

yǐ wànshèng zhī guó fá wànshèng zhī guó dān shí hú jiāng yǐ
以万乘之国伐万乘之国，箪食壶浆以
yíngwáng shī qǐ yǒu tā zāi bì shuǐ huǒ yě rú shuǐ yì shēn
迎王师，岂有他哉？避水火也。如水益深，
rú huǒ yì rè yì yùn ér yǐ yǐ
如火益热，亦运而已矣。

——《孟子·梁惠王下》

【释义】拥有万辆兵车的大国去攻打另一个拥有万辆兵车的大国，百姓都拿着吃的喝的来欢迎正义之师，这难道会有别的原因吗？百姓只不过想逃避水深火热的日子罢了。如果百姓的灾难越发深重，他们就会转变态度另谋出路的。

河北武强年画《闯王登殿搜宫》，讲述李自成率起义军攻入北京后发生的故事

闯王进京

míngcháo mò nián huànguān zhuānquán zhèng zhì fǔ bài shè huì máo dùn fā
明朝末年，宦官专权，政治腐败，社会矛盾发
zhǎn dào bù kě tiáo hé de chéng dù nóng mín qǐ yì biàn bù quán guó qí zhōng yǐng
展到不可调和的程度，农民起义遍布全国，其中影

崇祯皇帝画像

响最大的要数李自成领导的起义军。

李自成出身贫苦农民，他率领的军队纪律严明，作战英勇，深得百姓拥护，李自成因此被推举为“闯王”。1644年，李自成率部攻入北京，受到民众的热烈欢迎。崇祯皇帝见大势已去，逃到煤山(今北京景山公园)上吊自杀，明朝灭亡。后来，李自成的军队腐化变质，失去战斗力，被吴三桂引入关内的清兵打败，仓皇退出北京。最终，李自成在湖北九宫山遇难。

清末年画《铁冠图》，讲述崇祯自尽前，先赐死周后，然后自尽的故事

mèng zǐ duì yuē zēng zǐ yuē jiè zhī jiè zhī chū hū ěr
孟子对曰："曾子曰：'戒之戒之！出乎尔
zhě fǎn hū ěr zhě yě fú mín jīn ér hòu dé fǎn zhī yě jūn wú
者，反乎尔者也。'夫民今而后得反之也。君无
yóu yān jūn xíng rén zhèng sī mín qīn qí shàng sǐ qí zhǎng yǐ
尤焉！君行仁政，斯民亲其上，死其长矣。"

——《孟子·梁惠王下》

【释义】孟子回答说："曾子说过：'警惕啊，警惕啊！你怎样对待别人，别人就会怎样对待你。'现在，百姓得到报复您的机会。您就不要责备他们了！如果您施行仁政，那么您的百姓就会爱护他们的上级，甘愿为他们的长官去牺牲了。"

韩原之战

chūn qiū shí qī jìn guó fā shēng dà
春秋时期，晋国发生大
jī huang qín mù gōng diào bō cún liáng zhèn jì jìn
饥荒，秦穆公调拨存粮赈济晋
guó dāng qín guó fā shēng jī huang shí jìn huì
国。当秦国发生饥荒时，晋惠
gōng fēi dàn bù yǔ lǐ cǎi hái zhǔn bèi jìn gōng
公非但不予理睬，还准备进攻
qín guó qín mù gōng yǔ dà fū bǎi lǐ xī děng
秦国。秦穆公与大夫百里奚等

明刻本《大魁书经集注》之《秦穆用贤兴霸》，讲述秦穆公任用贤才，称霸西戎的故事

春秋龙耳虎足铜方壶

rén shāngliang jué dìng chū bīng fá jìn
人商量，决定出兵伐晋。

liǎng guó zài hán yuán bǎi kāi zhàn zhèn zuò zhàn
两国在韩原摆开战阵。作战

zhōng qín mù gōng de zhàn chē zāo dào jìn jūn wéi gōng
中，秦穆公的战车遭到晋军围攻，

mù gōng shēn shang duō chù shòu shāng wēi jí shí kè
穆公身上多处受伤。危急时刻，

sān bǎi duō gè nóng mín cóng shān pō shang chōng xià lái
三百多个农民从山坡上冲下来，

hěn kuài bāng zhù qín guó niǔ zhuǎn bài jú yuán lái qín
很快帮助秦国扭转败局。原来，秦

mù gōng qù nián lù guò cǐ dì jià chē de mǎ pǎo diū
穆公去年路过此地，驾车的马跑丢

hòu bèi yì qún nóng mín zǎi shā chī
后被一群农民宰杀吃

diào mù gōng bù jǐn méi yǒu chéng
掉。穆公不仅没有惩

fá tā men hái cì gěi tā men jiǔ
罚他们，还赐给他们酒

hē zhèng shì zhè yí shàn jǔ shǐ
喝。正是这一善举，使

nóng mín pīn mìng qián lái jiù yuán
农民拼命前来救援，

bāng zhù mù gōng dǎ yíng le zhè cháng
帮助穆公打赢了这场

zhànzhēng
战争。

清刻本《春秋列国志传》中的插图《秦穆公济河焚舟》，讲述秦穆公在伐晋战役中，为鼓励将士有进无退，过河后焚烧战船的故事

虽有智慧，不如乘势；虽有镃基，不如待时。

——《孟子·公孙丑上》

【释义】即使拥有智慧，不如凭借形势；即使拥有锄头，不如等待农时。

严刑救人

明人绘曹操画像

东汉末年，曹操挟天子以令诸侯，把持朝政。当时，曹操想杀了太尉杨彪，于是便捏造罪名，将其逮捕下狱。

许昌县令满宠负责审理此案，荀彧、孔融等人纷纷说情，求他不要拷打杨彪。满宠却不为所动，对杨彪严刑拷打。几天后，满宠向曹操报告：“我多次

duì yáng biāo yòng xíng yě méi yǒu shěn
对杨彪用刑，也没有审
chū shén me zuì zhèng cǐ rén míng shēng
出什么罪证。此人名声
hěn dà rú guǒ bú wèn qīng jiū jìng jiù
很大，如果不问清究竟就
shā le tā yí dìng huì lìng mín zhòng
杀了他，一定会令民众
shī wàng yě yǒu sǔn nín de shēngwàng
失望，也有损您的声望，
qǐng nín bǎ tā fàng le ba cáo cāo
请您把他放了吧。”曹操
wú nài zhǐ hǎo fàng le yáng biāo zhè
无奈，只好放了杨彪。这
shí xún yù kǒng róng děng rén cái míng
时，荀彧、孔融等人才明
bai mǎn chǒng yán xíng jiù rén de yí piàn kǔ xīn duì qí qīn pèi bù yǐ
白满宠“严刑救人”的一片苦心，对其钦佩不已。

清末《历代名臣像解》中的孔融画像

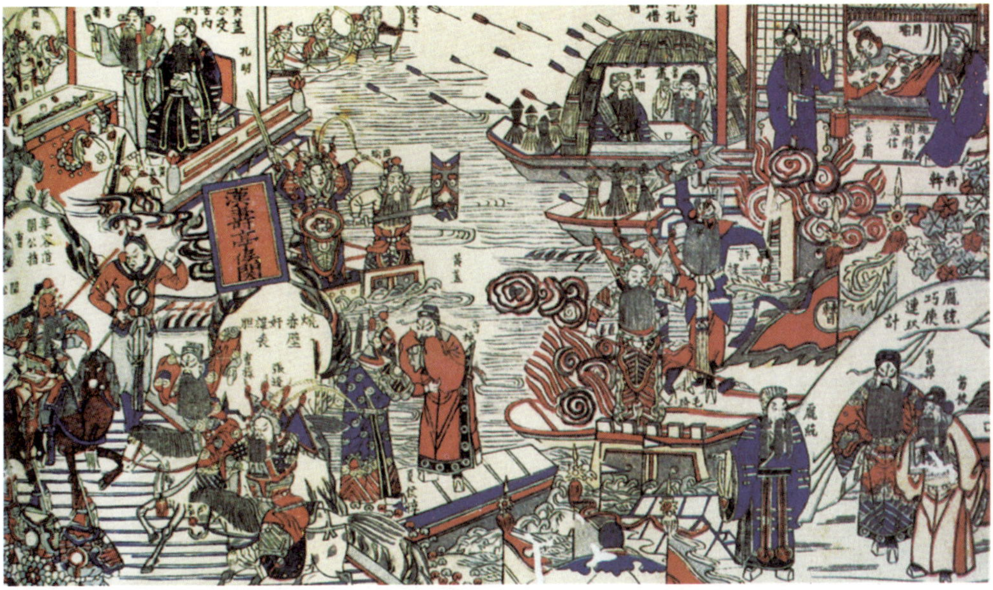
清末年画《新绘三国志前本曹兵百万下江南》，描绘曹操南征的场景

mèng shī shè zhī suǒ yǎng yǒng yě yuē shì bú shèng yóu
孟施舍之所养勇也，曰："视不胜犹
shèng yě liàng dí ér hòu jìn lǜ shèng ér hòu huì shì wèi sān jūn
胜也。量敌而后进，虑胜而后会，是畏三军
zhě yě shè qǐ néng wéi bì shèng zāi néng wú jù ér yǐ yǐ
者也。舍岂能为必胜哉？能无惧而已矣。"

——《孟子·公孙丑上》

【释义】 孟施舍是这样培养勇气的，他说："把不能战胜的敌人，看作能够战胜的敌人。估计敌我力量相当才前进，考虑到能够取胜再去交战，这样碰到了强大的敌人肯定会畏惧。我哪能做到每战必胜呢？不过是无所畏惧罢了。"

清末《历代名臣像解》中的李广画像

飞将军李广

lǐ guǎng shì xī hàn míng jiàng bì
李广是西汉名将，臂
lì guò rén jì yì chāo qún wú rén pǐ
力过人，技艺超群，无人匹
dí hàn wén dì shí biàn kāi shǐ cān jiā
敌。汉文帝时，便开始参加
duì xiōng nú de zuò zhàn yīn yǒng měng chāo
对匈奴的作战，因勇猛超
qún ér dé dào hàn wén dì de xìn rèn hàn
群而得到汉文帝的信任。汉

清末民初马骀绘《历代名将画谱》之《冥山射虎》，描绘李广出猎，误以为石头为老虎，将箭射入石中的场景

jǐng dì shí zhù shǒu běi bù yào sài
景帝时，驻守北部要塞，
duō cì dǎ bài xiōng nú lìng xiōng nú
多次打败匈奴，令匈奴
wén fēng sàng dǎn
闻风丧胆。

gōng yuán qián nián lǐ
公元前125年，李
guǎng chū yàn mén dǎ jī xiōng nú
广出雁门打击匈奴，
yīn guǎ bù dí zhòng jī hū quán jūn
因寡不敌众，几乎全军
fù mò lǐ guǎng běn rén yě shòu
覆没，李广本人也受
shāng bèi fú lǐ guǎng shāng shì hěn
伤被俘。李广伤势很
zhòng bèi fàng zài yì zhāng wǎng li
重，被放在一张网里，
diào zài liǎng mǎ zhī jiān wèi le xún
吊在两马之间。为了寻
zhǎo jī huì táo zǒu lǐ guǎng zài wǎng zhōng zhuāng sǐ tā chèn xiōng nú bīng bú
找机会逃走，李广在网中装死。他趁匈奴兵不
bèi yuè shēn ér qǐ qiǎng zǒu yì pǐ zhàn
备，跃身而起，抢走一匹战
mǎ jí chí ér qù tóng shí yòng gōng jiàn
马，疾驰而去，同时用弓箭
shè sǐ duō míng xiōng nú bīng lìng zhuī gǎn
射死多名匈奴兵，令追赶
zhě wàng ér què bù cóng cǐ rén men dōu
者望而却步。从此，人们都
chēng lǐ guǎng wéi fēi jiāng jūn
称李广为“飞将军”。

清人绘李广画像

xī zhě zēng zǐ wèi zǐ xiāng yuē zǐ hào yǒng hū wú
昔者曾子谓子襄曰：“子好勇乎？吾
cháng wén dà yǒng yú fū zǐ yǐ zì fǎn ér bù suō suī hè kuān
尝闻大勇于夫子矣：自反而不缩，虽褐宽
bó wú bú zhuì yān zì fǎn ér suō suī qiān wàn rén wú wǎng
博，吾不惴焉；自反而缩，虽千万人，吾往
yǐ mèng shī shè zhī shǒu qì yòu bù rú zēng zǐ zhī shǒu yuē yě
矣。”孟施舍之守气，又不如曾子之守约也。

——《孟子·公孙丑上》

【释义】从前，曾子对子襄说：“你喜欢勇敢吗？我曾经在孔子那里听说过关于大勇的道理：反躬自问，如果正义不在我一方，即使对普通百姓，我也不去恐吓；反躬自问，如果觉得自己有道理，即使面对千军万马，我也勇往直前。”孟施舍的保持勇气，又不如曾子能把握住要领。

细柳式车

xī hàn chū nián xiōng nú dà jǔ rù
西汉初年，匈奴大举入
qīn hàn wén dì diào bīng qiǎn jiàng zhù shǒu biān
侵，汉文帝调兵遣将驻守边
jìng yào sài tóng shí zài dū chéng cháng ān
境要塞，同时在都城长安
fù jìn de bà shàng jí mén xì liǔ shè
附近的灞上、棘门、细柳设

西汉玉龙凤饰璧

清人绘周亚夫画像

立三处边防军。大将周亚夫驻守细柳。

为了鼓舞士气，汉文帝亲自到各军营视察，慰问军队。在灞上、棘门二处，汉文帝一行长驱直入，驻军将领都下马迎送。而在细柳营，情况却迥然不同。将士们披甲执锐，刀剑出鞘，戒备森严。汉文帝的车队到达后被拦住，使臣通报后才被放行，并要求他们按军中规定行事。周亚夫身穿盔甲，以军礼拜见汉文帝。事后，汉文帝称赞道：“这才是真正的将军呀！”

清末民初马骀绘《历代名将画谱》之《细柳式车》，描绘周亚夫在营门迎接汉文帝时的场景

fú zhì qì zhī shuài yě qì tǐ zhī chōng yě fú zhì
夫志，气之帅也；气，体之充也。夫志
zhì yān qì cì yān gù yuē chí qí zhì wú bào qí qì
至焉，气次焉。故曰：“持其志，无暴其气。”

——《孟子·公孙丑上》

【释义】意志，是情感的统帅；情感，能使人的力量充盈。意志关注到哪里，情感就停在哪里。所以说：“应该坚定意志，但不要滥用情感。”

清殿藏本屈原画像

屈原投江

zhàn guó shí qī qū yuán céng zài chǔ
战国时期，屈原曾在楚
huái wáng shí rèn zuǒ tú sān lǘ dà fū
怀王时任左徒、三闾大夫，
cān yù guó shì jué cè zhǔ zhāng jǔ xián shòu
参与国事决策，主张举贤授
néng xiū míng fǎ dù lián qí kàng qín hòu
能，修明法度，联齐抗秦。后
lái shòu dào wū xiàn bèi huái wáng shū yuǎn jì ér fàng zhú hàn běi
来受到诬陷，被怀王疏远，继而放逐汉北。
chǔ qǐng xiāng wáng jí wèi hòu duì qín guó cǎi qǔ tuǒ xié zhèng cè qū yuán
楚顷襄王即位后，对秦国采取妥协政策。屈原
duō cì quàn jiàn qǐng xiāng wáng yuǎn lí xiǎo rén jié guǒ què gèng zāo biǎn chì cháng qī
多次劝谏顷襄王远离小人，结果却更遭贬斥，长期

liú fàng yuán xiāng yí dài qū yuán wèi
流放沅、湘一带。屈原为
zǔ guó de qián tú yōu lǜ jīng cháng
祖国的前途忧虑，经常
zài mì luó jiāng pàn yín chàng bēi shāng de
在汨罗江畔吟唱悲伤的
gē gōng yuán qián nián qín jūn
歌。公元前278年，秦军
gōng pò yǐng dū qū yuán jiàn guó shì rì
攻破郢都，屈原见国势日
shuāi shí fēn jué wàng yú wǔ yuè chū wǔ
衰，十分绝望，于五月初五

明陈洪绶绘《屈子行吟图》

tóu jiāng ér sǐ chǔ guó mín zhòng wèi
投江而死。楚国民众为
le jì niàn qū yuán měi nián wǔ yuè
了纪念屈原，每年五月
chū wǔ dōu jiāng mǐ zòng tóu rù jiāng zhōng
初五都将米粽投入江中
jìn xíng jì diàn hòu lái zhè yì xí
进行祭奠，后来这一习
sú biàn yǎn huà wéi duān wǔ jié
俗便演化为端午节。

清吴历绘《人物故事图册》之一（局部），根据《史记·屈原贾生列传》所载内容，描绘屈原被流放江滨，与渔父问答的故事

gǎnwèn hé wèi hào rán zhī qì yuē nányán yě qí
“敢问何谓浩然之气？”曰：“难言也。其
wéi qì yě zhì dà zhì gāng yǐ zhí yǎng ér wú hài zé sè yú tiān
为气也，至大至刚，以直养而无害，则塞于天
dì zhī jiān qí wéi qì yě pèi yì yǔ dào wú shì něi yě
地之间。其为气也，配义与道；无是，馁也。”

——《孟子·公孙丑上》

【释义】公孙丑道：“请问什么叫作浩然之气？”孟子说：“很难说清楚。这种气啊，非常浩大，非常刚强，用正义培养它而不加伤害，它就会充塞天地之间。这种气啊，一定要跟仁义道德相配；如果不这样，就会缺乏力量。”

丹心照汗青

nán sòng mò nián měng gǔ jūn duì dà jǔ rù
南宋末年，蒙古军队大举入
qīn xǔ duō rén dōu zhǔ zhāng tóu xiáng méi rén gǎn
侵，许多人都主张投降，没人敢
chū shǐ yuán yíng cǐ shí wén tiān xiáng tǐng shēn ér
出使元营。此时，文天祥挺身而
chū mào zhe shēng mìng wēi xiǎn dào yuán jūn nà lǐ qù
出，冒着生命危险到元军那里去
tán pàn yuán jūn tǒng shuài bó yán quàn wén tiān xiáng tóu
谈判。元军统帅伯颜劝文天祥投

清叶衍兰绘文天祥画像

降，并对他软硬兼施。面对威胁利诱，文天祥不为所动。伯颜大怒，派人将文天祥软禁起来。后来，趁元兵不备，文天祥逃出元营，重组义军，坚持抗元。

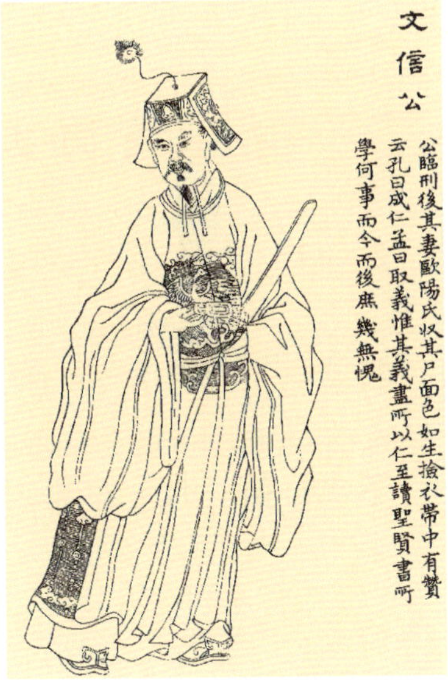

清上官周绘《晚笑堂竹庄画传》中的文天祥画像

在一次作战中，文天祥不幸被俘。南宋叛将劝他投降，他写下《过零丁洋》，诗中“人生自古谁无死，留取丹心照汗青”的诗句，表达了他临危不惧、宁死不屈的爱国之情。不久，文天祥被元军杀害。

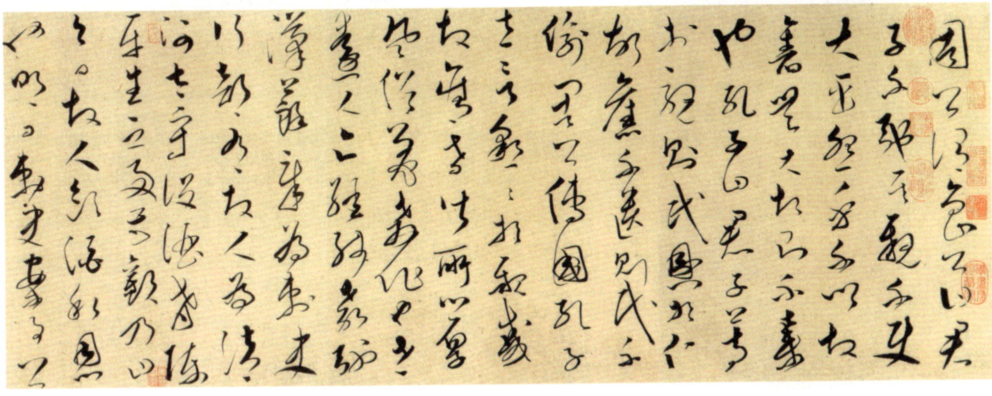

文天祥所书《谢昌元座右自警辞》（局部）

sòng rén yǒu mǐn qí miáo zhī bù zhǎng ér yà zhī zhě máng máng
宋人有闵其苗之不长而揠之者，芒芒
rán guī wèi qí rén yuē jīn rì bìng yǐ yú zhù miáo zhǎng
然归，谓其人曰：“今日病矣！予助苗长
yǐ qí zǐ qū ér wǎng shì zhī miáo zé gǎo yǐ tiān xià zhī
矣！”其子趋而往视之，苗则槁矣。天下之
bú zhù miáo zhǎng zhě guǎ yǐ
不助苗长者寡矣。

——《孟子·公孙丑上》

【释义】宋国有个担心禾苗生长不快而去拔它助长的人，十分疲惫地回到家中，对家里人说：“今天累坏了！我帮助禾苗长高了！”他的儿子赶忙跑到田里去看，禾苗都已枯死。天下不帮助禾苗生长的人实在很少啊。

驼背人种树

清人绘柳宗元画像

táng cháo liǔ zōng yuán de liǔ hé dōng
唐朝柳宗元的《柳河东
jí zhōng jì zǎi le zhè yàng yì zé gù shi
集》中记载了这样一则故事：
yǒu gè shàn cháng zhòng zhí shǒu yì de tuó bèi
有个擅长种植手艺的驼背
rén jiā li zǔ zǔ bèi bèi dōu zhòng shù yǒu
人，家里祖祖辈辈都种树，有

唐三彩骆驼载乐俑

丰富的种植经验。到了他这辈，树种得更好，手艺远近闻名。

人们曾经留意观察他种树的一举一动，想发现点种树的奥秘，可看了半天，还是不如他种的好。有人请教他说：“为什么我们种的树不如您种的好呢？”驼背人说：“这没什么神秘的，我不过是首先了解树的习性，然后按照它的习性去栽培罢了。有些过于细致的人，今天看树正不正，明天扒土看树活没活，这样怎能种好树呢？”

清汤禄名绘《明月种树图》

yǐ lì fú rén zhě fēi xīn fú yě lì bú shàn yě yǐ dé fú
以力服人者，非心服也，力不赡也；以德服
rén zhě zhōng xīn yuè ér chéng fú yě rú qī shí zǐ zhī fú kǒng zǐ yě
人者，中心悦而诚服也，如七十子之服孔子也。

——《孟子·公孙丑上》

【释义】依仗强力使人服从，人家不会心悦诚服，只是他们的力量不足罢了；依靠道德使人服从，人家才会心悦诚服，就好比七十多位弟子都信服孔子一样。

七擒孟获

sān guó shí zhū gě liàng wèi le jiě chú běi
三国时，诸葛亮为了解除北
fá de hòu gù zhī yōu qīn zì shuài jūn jìn bīng nán
伐的后顾之忧，亲自率军进兵南
zhōng zài zhēng dé mǎ sù de yì jiàn hòu zhū gě
中。在征得马谡的意见后，诸葛
liàng jué dìng cǎi qǔ gōng xīn wéi shàng de cè lüè
亮决定采取攻心为上的策略。

mèng huò shì nán zhōng dì qū shǎo shù mín zú
孟获是南中地区少数民族
de qiú zhǎng zài dāng dì hěn yǒu wēi wàng dì yī
的酋长，在当地很有威望。第一
cì jiāo zhàn mèng huò biàn bèi zhū gě liàng huó zhuō
次交战，孟获便被诸葛亮活捉。

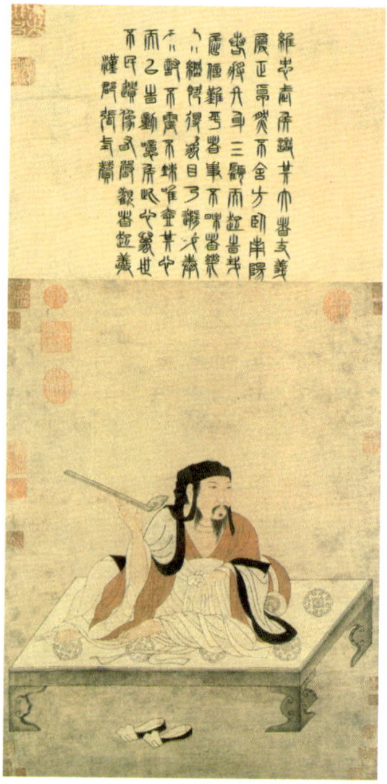

元赵孟頫绘诸葛亮像轴

清殿藏本诸葛亮画像

mèng huò rèn wéi zì jǐ bù zhī shǔ jūn xū shí
孟获认为自己不知蜀军虚实，
cái dǎo zhì zuò zhàn shī bài rú guǒ néng kàn guo
才导致作战失败，如果能看过
shǔ jūn gè yíng zài zhàn dìng néng huò shèng zhū
蜀军各营，再战定能获胜。诸
gě liàng jiāng mèng huò shì fàng ràng tā shuài bīng
葛亮将孟获释放，让他率兵
zài zhàn jié guǒ yòu bèi zhū gě liàng zhuō zhù
再战，结果又被诸葛亮捉住。
rú cǐ zài zhàn zài qín zài qín zài fàng qián
如此再战再擒，再擒再放，前
hòu gòng qī cì dì qī cì shì fàng mèng huò
后共七次。第七次释放孟获
shí mèng huò xīn fú kǒu fú de shuō chéng xiàng zhēn yǒu shén wēi wǒ men nán fāng
时，孟获心服口服地说：“丞相真有神威，我们南方
rén zài yě bù gǎn fǎn pàn le cóng cǐ gān xīn chén fú shǔ hàn
人再也不敢反叛了。”从此甘心臣服蜀汉。

清代年画《银坑洞七擒孟获》，描绘诸葛亮第七次捉住孟获的场景

huò fú wú bú zì jǐ qiú zhī zhě shī yún yǒng yán
祸福无不自己求之者。《诗》云：“永言
pèi mìng zì qiú duō fú tài jiǎ yuē tiān zuò niè
配命，自求多福。”《太甲》曰：“天作孽，
yóu kě wéi zì zuò niè bù kě huó cǐ zhī wèi yě
犹可违；自作孽，不可活。”此之谓也。

——《孟子·公孙丑上》

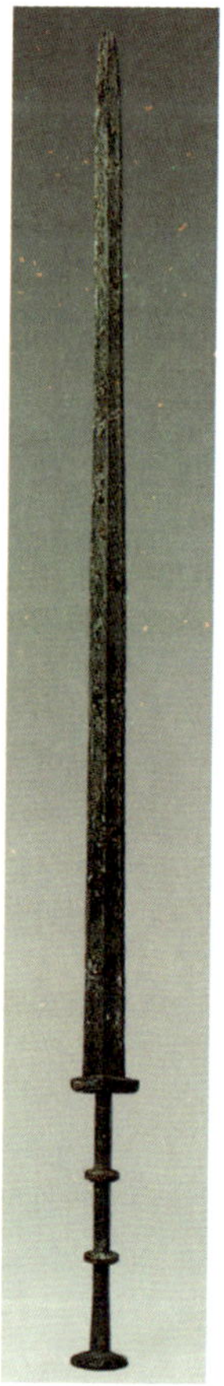
战国青铜长剑

【释义】灾祸和幸福没有不是自己招来的。《诗经·大雅·文王》说：“要想活得跟天命一样长久，就得自己去寻找幸福。”《尚书·太甲》说：“天降灾难，还可以躲避；自己作孽，就没有活路。”说的就是这个道理。

冯谖弹铗

zhàn guó shí qī mèng cháng jūn jiā li yǎng le xǔ duō mén
战国时期，孟尝君家里养了许多门
kè qí zhōng féng xuān yì zhí méi yǒu yǐn qǐ mèng cháng jūn de zhù
客。其中，冯谖一直没有引起孟尝君的注
yì tā biàn tán zhe jiàn bǐng shuō chī fàn méi yǒu yú mèng cháng jūn
意，他便弹着剑柄说吃饭没有鱼。孟尝君
tí gāo le tā de dài yù cǐ hòu hái mǎn zú le tā yào chē de
提高了他的待遇，此后还满足了他要车的
qǐng qiú
请求。

一次，孟尝君派冯谖到薛地去收债。冯谖到了薛地后，将债券全部烧毁，得到百姓的热烈拥护。当孟尝君问冯谖给他带回什么时，冯谖说带回了他缺少的“义”。孟尝君很不高兴，但没有说什么。一年后，孟尝君被免去相国的职务，只好返回薛地。当地百姓听说后，扶老携幼

清末民初马骀绘《古今人物画谱》中的冯谖画像，描绘冯谖弹剑而歌的场景

欢迎他。孟尝君这才恍然大悟，明白了冯谖当初的用心，非常感激他。

清吴友如绘《古今人物百图》之《冯生弹剑》，讲述冯谖弹剑而歌的故事

zūn xián shǐ néng　jùn jié zài wèi　zé tiān xià zhī shì jiē yuè ér
尊贤使能，俊杰在位，则天下之士皆悦而
yuàn lì yú qí cháo yǐ
愿立于其朝矣。

——《孟子·公孙丑上》

【释义】尊重贤才，任用能人，杰出的人物都有职位，这样一来，天下的士人很高兴，都愿意在朝廷中任职了。

黄金台招贤

zhàn guó shí qī　yān zhāo wáng qiú xián ruò kě　què méi yǒu xián shì qián lái
战国时期，燕昭王求贤若渴，却没有贤士前来
tóu bèn　yú shì tā xiàng lǎo chén guō wěi qǐng jiào　guō wěi gěi tā jiǎng le yí gè yòng
投奔，于是他向老臣郭隗请教。郭隗给他讲了一个用
zhòng jīn mǎi mǎ gǔ　ér zuì zhōng dé dào
重金买马骨，而最终得到
qiān lǐ mǎ de gù shi　rán hòu duì yān zhāo
千里马的故事，然后对燕昭
wáng shuō　dà wáng rú guǒ dǎ suàn zhāo
王说：“大王如果打算招
xián nà shì　jiù cóng wǒ kāi shǐ ba
贤纳士，就从我开始吧。
xiàng wǒ zhè yàng de rén dōu néng shòu dào zhòng
像我这样的人都能受到重

战国云纹铜犀尊

明程大约撰《程氏墨苑》卷七《墨苑物华》中的《黄金台》

yòng bǐ wǒ yǒu cái néng de
用，比我有才能的
rén hái zài hu lù tú yáo yuǎn
人还在乎路途遥远
ér bù lái ma
而不来吗？”

yān zhāo wáng lǐng huì
燕昭王领会
le guō wěi de yòng yì tā
了郭隗的用意，他
xiū zào háo huá fǔ dì bài
修造豪华府第，拜
guō wěi wéi shī tóng shí
郭隗为师。同时，
lìng jiàn yí zuò gāo tái tái
另建一座高台，台
shang fàng yǒu qiān liǎng huáng
上放有千两黄
jīn yǐ cǐ zhāo lǎn tiān xià
金，以此招揽天下
de xián néng zhī shì bù jiǔ jūn shì
的贤能之士。不久，军事
jiā yuè yì yīn yáng jiā zōu yǎn yóu
家乐毅、阴阳家邹衍、游
shuì jiā jù xīn qián lái tóu bèn yān guó
说家剧辛前来投奔，燕国
zài tā men de bāng zhù xià hěn kuài qiáng
在他们的帮助下很快强
dà qǐ lái
大起来。

清人绘乐毅画像

kǒng zǐ yuē lǐ rén wéi měi zé bù chǔ rén yān dé
孔子曰："里仁为美。择不处仁，焉得
zhì fú rén tiān zhī zūn jué yě rén zhī ān zhái yě mò zhī
智？"夫仁，天之尊爵也，人之安宅也。莫之
yù ér bù rén shì bú zhì yě
御而不仁，是不智也。

——《孟子·公孙丑上》

【释义】孔子说："居住在有仁德的地方是最好的。如果不挑选仁德的地方居住，哪里算得上聪明呢？"仁德，就好比上天赐予的尊贵爵位，是人间安逸舒适的住宅。没有人阻挡你却不选择仁德，这是不明智的。

千万买邻

nán cháo liáng shí de lǚ sēng zhēn shēng xìng chéng
南朝梁时的吕僧珍生性诚
kěn dài rén hòu dao shēn dé liáng wǔ dì de shǎng shí
恳，待人厚道，深得梁武帝的赏识
hé xìn rèn lǚ sēngzhēn de jiā jiào jí yán jiā tíng
和信任。吕僧珍的家教极严，家庭
zhōng de měi gè chéngyuán dōu dài rén hé qi pǐn xíng
中的每个成员都待人和气，品行
duānzhèng tā jiā de hǎo míngshēngyuǎn jìn wénmíng
端正。他家的好名声远近闻名。

南朝带盖青瓷莲花尊

清人绘梁武帝萧衍画像

有位叫宋季雅的官员告老还乡后，得知吕僧珍的家风极好，不禁大喜，于是把吕僧珍邻居家的一所房屋买了下来，与他比邻而居。吕僧珍问他花了多少钱，宋季雅说：“花了一千一百万。”吕僧珍大吃一惊，说：“怎么会这么贵？”宋季雅说：“其中一百万是用来买房屋的，一千万是用来买您这位道德高尚、治家严谨的好邻居的！”

南朝梁张僧繇绘《仙山楼阁图》

zǐ lù rén gào zhī yǐ yǒu guò zé xǐ yǔ wén
子路，人告之以有过，则喜；禹，闻
shàn yán zé bài
善言，则拜。

——《孟子·公孙丑上》

【释义】子路这个人，别人指出他的缺点时，他非常高兴；大禹这个人，听到正确的意见时，就高兴得拜谢。

南宋佚名绘《孔子弟子像卷》中的子路画像

闻过则喜

zhàn guó shí qī mèng zǐ duì dì zǐ
战国时期，孟子对弟子
men tán dào yǒng yú jiē shòu pī píng yì jiàn
们谈到勇于接受批评意见
shí céng jǔ chū zǐ lù yǔ hé shùn sān
时，曾举出子路、禹和舜三
gè rén zuò lì zi
个人做例子。

mèng zǐ shuō zǐ lù shì kǒng zǐ
孟子说：“子路是孔子
de xué shēng wéi rén chéng shí gāng zhí hào
的学生，为人诚实，刚直好
yǒng bié rén zhǐ chū tā de guò cuò shí
勇，别人指出他的过错时，

tā fēi cháng gāo xìng dà yǔ tīng dào yǒu
他非常高兴。大禹听到有
jiào yì de huà jiù gěi rén jia jìng lǐ
教益的话，就给人家敬礼。
shùn dì jiù gèng liǎo bu dé le tā shàn
舜帝就更了不得了：他善
yú gōu tōng zǒng shì gǎi zhèng zì jǐ de
于沟通，总是改正自己的
quē diǎn xué xí bié rén de yōu diǎn kuài
缺点，学习别人的优点，快
lè de xī qǔ bié rén de cháng chù lái xíng
乐地吸取别人的长处来行
shàn cóng tā zhòng dì zuò táo qì
善。从他种地、做陶器、
bǔ yú yì zhí dào zuò dì wáng méi yǒu nǎ
捕鱼一直到做帝王，没有哪
ge shí hou bú xiàng bié rén xué xí de
个时候不向别人学习的。
xī qǔ bié rén de yōu diǎn lái xíng shàn yě
吸取别人的优点来行善，也

台北故宫博物院藏夏禹画像

jiù shì yǔ bié rén yì qǐ xíng shàn
就是与别人一起行善。
suǒ yǐ jūn zǐ zuì gāo shàng de pǐn
所以君子最高尚的品
zhì jiù shì yǔ bié rén yì qǐ
质，就是与别人一起
xíng shàn
行善。”

清人绘帝舜画像

qǔ zhū rén yǐ wéi shàn shì yǔ rén wéi shàn zhě yě gù jūn zǐ
取诸人以为善，是与人为善者也。故君子
mò dà hū yǔ rén wéi shàn
莫大乎与人为善。

——《孟子·公孙丑上》

【释义】吸取别人的优点来行善，也就是与别人一起行善。所以君子最高尚的品质，就是与别人一起行善。

身教行善业

明嘉靖青花红彩鱼藻纹罐

míng cháo shí hù bù shàng shū xià yuán jí xīn
明朝时，户部尚书夏原吉心
xiōng kuān guǎng yǔ rén wéi shàn dà chén lǚ zhèn céng
胸宽广，与人为善。大臣吕震曾
pái jǐ tā kě shì dāng lǚ zhèn wèi ér zi qǐng qiú
排挤他，可是当吕震为儿子请求
fēng shǎng de shí hou xià yuán jí què rèn wéi lǚ zhèn
封赏的时候，夏原吉却认为吕震
xī rì shǒu chéng yǒu gōng hái bāng tā shuō qíng
昔日守城有功，还帮他说情。

xià yuán jí xún shì sū zhōu shí wǎn yán xiè
夏原吉巡视苏州时，婉言谢
jué dì fāng guān de zhāo dài yí gè rén zài lǚ guǎn zhōng chī fàn chú shī zuò fàn shí
绝地方官的招待，一个人在旅馆中吃饭。厨师做饭时

明刻本《三才图会》中的夏原吉画像

bù xiǎo xīn fàng duō le yán xià yuán
不小心放多了盐，夏原
jí zhǐ chī bái mǐ fàn bìng bù shuō chū
吉只吃白米饭，并不说出
yuán yīn yǐ miǎn chú shī shòu zé
原因，以免厨师受责。

yí cì yí gè xiǎo lì tōu
一次，一个小吏偷
le xià yuán jí de yín qì bèi xún luó
了夏原吉的银器，被巡逻
de shì bīng zhuā huò xià yuán jí qīn
的士兵抓获。夏原吉亲
zì tì xiǎo lì sōngbǎng duì tā shuō
自替小吏松绑，对他说：
rú guǒ bú shì jiā li pín qióng nǐ
“如果不是家里贫穷，你
shì bú huì zhè yàng zuò de shuō
是不会这样做的。”说
wán hái bǎ yín qì sòng gěi xiǎo lì xiǎo lì gǎn dòng de lèi liú mǎn miàn lián lián
完，还把银器送给小吏。小吏感动得泪流满面，连连
kē tóu xiè zuì fā shì yǒng bú zài zuò tōu qiè zhī shì
磕头谢罪，发誓永不再做偷窃之事。

明朱瞻基绘《行乐图》（局部），描绘明代宫廷中马球游戏的场景

tiān shí bù rú dì lì dì lì bù rú rén hé
天时不如地利，地利不如人和。

——《孟子·公孙丑下》

【释义】得天时不如得地利，得地利不如得人和。

明陈洪绶绘《博古叶子》中的淮阴侯韩信画像，讲述他年轻时靠人接济生活的故事

背水一战

chǔ hàn zhēng bà shí hán xìn shuài hàn jūn gōng dǎ yī fù xiàng yǔ de zhào guó zhào jūn zhǔ shuài chén yú shuài èr shí wàn dà jūn zhàn jù zhàn lüè yào dì jǐng xíng kǒu tā zì shì bīng lì shang de yōu shì méi yǒu tīng qǔ jūn shī lǐ zuǒ chē de zhèng què yì jiàn
楚汉争霸时，韩信率汉军攻打依附项羽的赵国。赵军主帅陈馀率二十万大军占据战略要地井陉口，他自恃兵力上的优势，没有听取军师李左车的正确意见。

hán xìn pài yí wàn rén mǎ zuò xiān fēng bèi kào dà hé bǎi kāi zhèn shì tóng shí àn zhōng pài liǎng qiān jīng qí bīng chéng yè sè mái fú zài jǐng xíng kǒu páng chén
韩信派一万人马做先锋，背靠大河摆开阵势。同时，暗中派两千精骑兵乘夜色埋伏在井陉口旁。陈

清殿藏本韩信画像

yú jiàn hán xìn yán hé bù zhèn rèn wéi tā shì
馀见韩信沿河布阵，认为他是
zài zì xún sǐ lù shuāng fāng jiāo zhàn hòu
在自寻死路。双方交战后，
zhào jūn zhēng xiān kǒng hòu shā chū jūn yíng ér
赵军争先恐后杀出军营。而
shì xiān mái fú de hàn jūn qí bīng zé chèn jī
事先埋伏的汉军骑兵则趁机
gōng zhàn zhào jūn dà yíng bá qí yì zhì
攻占赵军大营，拔旗易帜。

hán xìn yáng zhuāng bài tuì zhì hé biān
韩信佯装败退至河边，
hàn jūn jiàn wú lù kě tuì zhǐ hǎo tuán jié
汉军见无路可退，只好团结
yì xīn pīn sǐ zuò zhàn bìng zhú jiàn zhàn
一心，拼死作战，并逐渐占
jù shàng fēng zhè shí zhào jūn shì
据上风。这时，赵军士
zú bào gào jūn yíng bèi hàn jūn zhàn
卒报告，军营被汉军占
lǐng zhào jūn fā xiàn jūn yíng chā mǎn
领。赵军发现军营插满
hàn jūn qí zhì dùn shí rén xīn dà
汉军旗帜，顿时人心大
luàn zài hàn jūn de qián hòu jiā jī
乱。在汉军的前后夹击
xià zhào jūn kuì bù chéng jūn yí
下，赵军溃不成军，一
bài tú dì
败涂地。

清上官周绘《晚笑堂竹庄画传》中的韩信画像

dé dào zhě duō zhù shī dào zhě guǎ zhù guǎ zhù zhī zhì qīn qī
得道者多助，失道者寡助。寡助之至，亲戚
pàn zhī duō zhù zhī zhì tiān xià shùn zhī yǐ tiān xià zhī suǒ shùn
畔之；多助之至，天下顺之。以天下之所顺，
gōng qīn qī zhī suǒ pàn gù jūn zǐ yǒu bú zhàn zhàn bì shèng yǐ
攻亲戚之所畔，故君子有不战，战必胜矣。

——《孟子·公孙丑下》

【释义】信守道义的人，帮助他的人就多；失去道义的人，帮助他的人就少。帮助的人少到极点时，连骨肉至亲都反对他；帮助的人多到极点时，天下的人都愿意顺从他。用天下人都顺从的力量，去攻打连骨肉至亲都反对的人，那么仁德的君王要么不作战，作战就一定会胜利。

火牛破敌

zhàn guó shí qī yān guó yǐ yuè yì
战国时期，燕国以乐毅
wéi jiàng gōng qí lián xià qī shí yú zuò chéng
为将攻齐，连下七十余座城
chí jī hū jiāng qí guó miè wáng qí jūn
池，几乎将齐国灭亡。齐军
jiān shǒu jǔ jí mò liǎng zuò gū chéng kǔ
坚守莒、即墨两座孤城，苦
kǔ zhī chēng
苦支撑。

清人绘田单画像

明刻本《百将图说》之《火牛破敌》，描绘田单利用火牛阵大败燕军的场景

危急时刻，田单被推举为将军，率领即墨军民奋起抗敌。他采用反间计，使燕国用骑劫代替乐毅为将。公元前279年，田单征集千余头牛，给它们披上绸衣，画上五彩，角绑利刃，尾束浸油的麻苇，同时在墙根挖了几十个洞口，把牛埋伏在里面。夜里，田单命士卒点燃牛尾巴上的麻苇，火牛冲入燕军营中，五千精兵也随后杀出，将燕军杀得大败。齐军乘胜追击，一举收复七十余座城池，使齐国转危为安。

春秋齐之法化刀币

gù jiāng dà yǒu wéi zhī jūn bì yǒu suǒ bú zhào zhī chén yù
故将大有为之君，必有所不召之臣，欲
yǒu móu yān zé jiù zhī qí zūn dé lè dào bù rú shì bù zú
有谋焉，则就之。其尊德乐道，不如是，不足
yǔ yǒu wéi yě
与有为也。

——《孟子·公孙丑下》

【释义】 所以大有作为的君主，一定有他不能怠慢的臣子，如有事想跟他商量，就亲自到他那儿去。尊尚道德和乐行仁政，如果不这样做，就不足以和他一同有所作为。

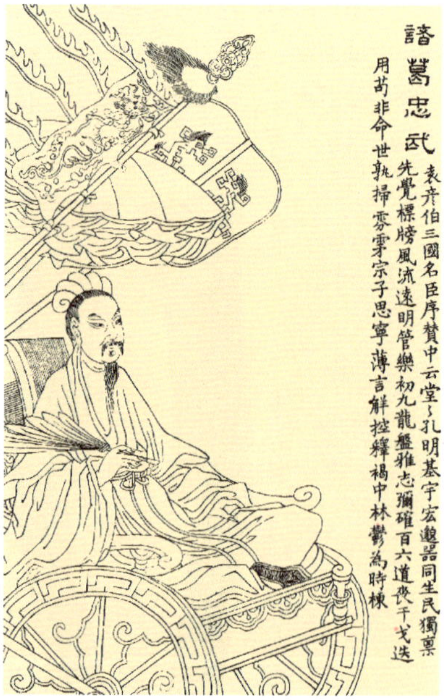

清上官周绘《晚笑堂竹庄画传》中的诸葛亮画像

三顾茅庐

dōng hàn mò nián tiān xià dà luàn
东汉末年，天下大乱，
qún xióng gē jù liú bèi wèi le zhuàng dà shí
群雄割据。刘备为了壮大实
lì duō fāng xún qiú xián cái tīng shuō zhū
力，多方寻求贤才，听说诸
gě liàng jīng tōng wén tāo wǔ lüè yǐn jū lóng
葛亮精通文韬武略，隐居隆
zhōng jīn hú běi xiāngyáng xī biàn qīn zì dào
中（今湖北襄阳西），便亲自到

明戴进绘《三顾茅庐图轴》（局部）

tā jū zhù de cǎo lú bài fǎng
他居住的草庐拜访。

qián liǎng cì liú bèi dōu méi jiàn dào
前两次刘备都没见到

zhū gě liàng zhǐ hǎo shī wàng ér huí
诸葛亮，只好失望而回。

dì sān cì dào dá zhū gě liàng jiā zhū gě
第三次到达诸葛亮家，诸葛

liàng zhèng shuì wǔ jiào liú bèi nài xīn děng
亮正睡午觉，刘备耐心等

dài zhí dào zhū gě liàng xǐng lái zhū
待，直到诸葛亮醒来。诸

gě liàng bèi liú bèi de chéng yì dǎ dòng
葛亮被刘备的诚意打动，

jué dìng chū shān tā fēn xī le dāng shí de xíng shì tí chū duó qǔ jīng zhōu yì
决定出山。他分析了当时的形势，提出夺取荆州、益

zhōu dōng lián sūn wú běi jù cáo cāo de zhàn lüè fāng zhēn zài zhū gě liàng de fǔ
州，东联孙吴，北拒曹操的战略方针。在诸葛亮的辅

zuǒ xià liú bèi jiàn lì shǔ hàn zhèng quán chéng jiù dì yè yǔ cáo wèi sūn wú
佐下，刘备建立蜀汉政权，成就帝业，与曹魏、孙吴

zhèng quán dǐng zú ér lì sān fēn tiān xià
政权鼎足而立，三分天下。

天津杨柳青线版年画《三顾茅庐》

gǔ zhī jūn zǐ guò zé gǎi zhī jīn zhī jūn zǐ guò zé shùn
古之君子，过则改之；今之君子，过则顺
zhī gǔ zhī jūn zǐ qí guò yě rú rì yuè zhī shí mín jiē jiàn
之。古之君子，其过也，如日月之食，民皆见
zhī jí qí gēng yě mín jiē yǎng zhī jīn zhī jūn zǐ qǐ tú
之；及其更也，民皆仰之。今之君子，岂徒
shùn zhī yòu cóng wèi zhī cí
顺之，又从为之辞。

——《孟子·公孙丑下》

【释义】古代的君子，犯了错误就会改正；今天的君子，犯了错误却将错就错。古代的君子，他的过错，就像日食月食一样，百姓都看得到；等他改正了，百姓都会抬头仰望他。今天的君子，又何止是将错就错，他还要编一番道理为自己的错误辩护。

负荆请罪

zhàn guó shí qī qín zhāo xiāng wáng jiǎ yì sòng
战国时期，秦昭襄王假意送
gěi zhào guó shí wǔ zuò chéng chí yǐ suǒ qǔ wú jià zhī
给赵国十五座城池，以索取无价之
bǎo hé shì bì lìn xiàng rú dài zhe hé shì bì lái dào
宝和氏璧。蔺相如带着和氏璧来到
qín guó tā lín wēi bú jù chì zé qín wáng yán ér
秦国，他临危不惧，斥责秦王言而

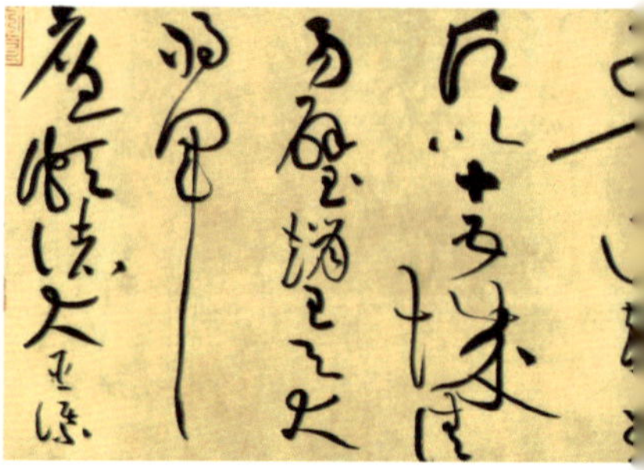

清末民初马骀绘《历代名将画谱》之《肉袒负荆》，讲述廉颇负荆请罪的故事

wú xìn shǐ de wán bì guī zhào zhī hòu tā
无信，使得完璧归赵。之后，他
yòu suí zhào wáng dào miǎn chí fù yàn shǐ zhào wáng
又随赵王到渑池赴宴，使赵王
miǎn shòu qín wáng de wǔ rǔ lìn xiàng rú yīn lián
免受秦王的侮辱。蔺相如因连
lì dà gōng bèi fēng wéi shàng qīng dì wèi zài lián
立大功，被封为上卿，地位在廉
pō zhī shàng
颇之上。

lián pō rèn wéi zì jǐ de gōng láo bǐ lìn xiàng
廉颇认为自己的功劳比蔺相
rú dà zhí wèi fǎn ér bǐ tā dī xīn zhōng bù
如大，职位反而比他低，心中不
fú jǐ cì jiè jī wǔ rǔ lìn xiàng rú lìn xiàng
服，几次借机侮辱蔺相如。蔺相
rú yǐ guó jiā lì yì wéi zhòng měi cì dōu rěn ràng
如以国家利益为重，每次都忍让
huí bì lián pō dé zhī zhēn xiàng hòu shí fēn cán kuì yì rán tǎn bèi lù jiān fù
回避。廉颇得知真相后，十分惭愧，毅然坦背露肩，负
jīng qǐng zuì èr rén yīn cǐ jié xià le
荆请罪，二人因此结下了
shēng sǐ zhī yì lián pō zhī cuò jiù gǎi
生死之谊。廉颇知错就改
de jīng shén chéng wéi hòu rén de měi tán
的精神，成为后人的美谈。

古代马钱中的赵将廉颇钱

宋黄庭坚书《史记·廉颇蔺相如列传》（局部）

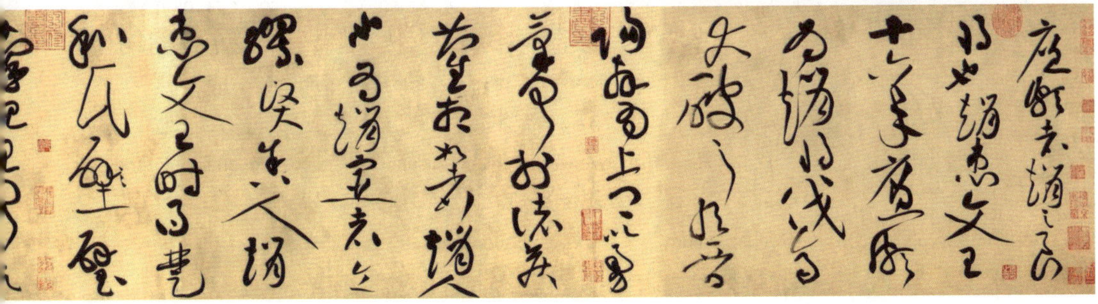

yú qǐ ruò shì xiǎo zhàng fū rán zāi jiàn yú qí jūn ér bú

予岂若是小丈夫然哉？谏于其君而不

shòu zé nù xìng xìng rán xiàn yú qí miàn qù zé qióng rì zhī

受，则怒，悻悻然见于其面，去则穷日之

lì ér hòu sù zāi

力而后宿哉？

——《孟子·公孙丑下》

【释义】我难道像那种度量狭小的人吗？向国君进谏不被接受，便怒气冲冲，满脸不高兴的样子，一旦离开，非得走到精疲力竭才肯歇息吗？

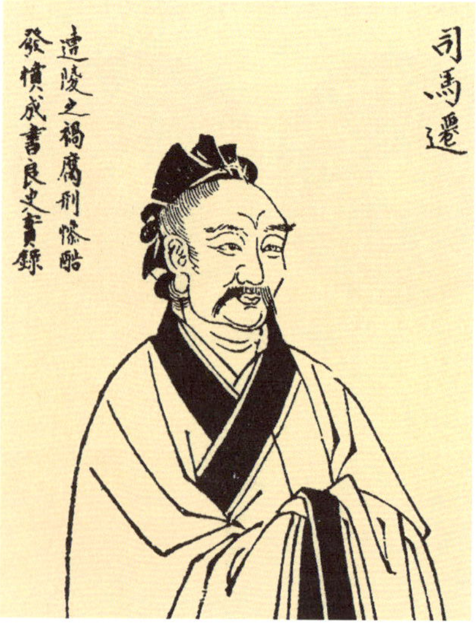

明刻本《历代古人像赞》中的司马迁画像

司马迁著《史记》

sī mǎ qiān shì xī hàn shǐ xué jiā

司马迁是西汉史学家、

wén xué jiā hé sī xiǎng jiā zǎo nián biàn yóu

文学家和思想家。早年遍游

dà jiāng nán běi kǎo chá míng shèng gǔ jì

大江南北，考察名胜古迹，

fǎng wèn shǐ shì chuán shuō diào chá shè huì fēng

访问史事传说，调查社会风

sú tài chū yuán nián qián nián kāi shǐ chuàng zuò shǐ jì

俗。太初元年（前104年），开始创作《史记》。

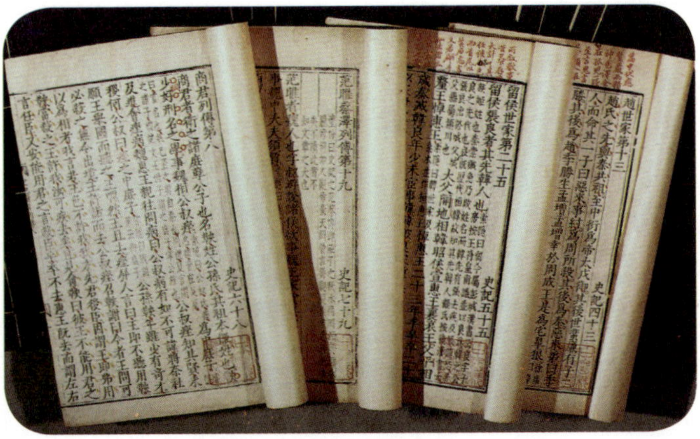

《史记》书影

但不久，司马迁卷入李陵案中。当时，李陵与匈奴作战，因寡不敌众而投降。司马迁替李陵辩护，惹恼了汉武帝，因此获罪入狱，遭受宫刑。蒙受如此大辱，司马迁很想一死了之，但想到父亲的重托和自己未竟的事业，他打消自杀的念头，决定忍辱负重，苟且存活。出狱后，司马迁任中书令，在逆境中发奋著述，最终完成千古名著《史记》。《史记》所记史事，上起黄帝，下至汉武帝，历时三千多年，是中国第一部纪传体通史，被赞誉为“史家之绝唱，无韵之离骚”。

清人绘司马迁画像

mín zhī wéi dào yě　yǒu héng chǎn zhě yǒu héng xīn　wú héng
民之为道也，有恒产者有恒心，无恒
chǎn zhě wú héng xīn　gǒu wú héng xīn　fàng pì xié chǐ　wú bù wéi
产者无恒心。苟无恒心，放辟邪侈，无不为
yǐ　jí xiàn hū zuì　rán hòu cóng ér xíng zhī　shì wǎng mín yě
已。及陷乎罪，然后从而刑之，是罔民也。
yān yǒu rén rén zài wèi wǎng mín ér kě wéi yě
焉有仁人在位罔民而可为也？

——《孟子·滕文公上》

唐代鎏金舞马衔杯纹银壶

【释义】百姓的治理之道：有固定财产收入的人，才有一定的道德观念和行为准则；没有固定财产收入的人，便不会有一定的道德观念和行为准则。如果没有一定的道德观念和行为准则，就会胡作非为、违法乱纪，什么事都干得出来。等他们犯了罪，然后加以处罚，这等于陷害百姓。哪有仁爱之人身处上位，却做出陷害百姓的事来呢？

挂笏引舟

táng cháo shí　hé yì yú céng zài yì chāng
唐朝时，何易于曾在益昌
jīn sì chuān guǎng yuán　zuò xiàn lìng　tā wéi
（今四川广元）做县令，他为

guānqīng lián shēn dé bǎi xìng chēng zàn
官清廉，深得百姓称赞。

yí cì cì shǐ cuī pǔ cóng jiā líng
一次，刺史崔朴从嘉陵

jiāng shàng yóu dài zhe bīn kè gē nǚ yán jiāng
江上游带着宾客歌女，沿江

dōng xià yóu yú hé dào wān qū hé shuǐ
东下。由于河道弯曲，河水

tuān jí jiāng shang de xíng chuán dōu yào kào qiàn
湍急，江上的行船都要靠纤

fū lā zhe cái néng xíng jìn cuī pǔ de yóu
夫拉着才能行进。崔朴的游

chuán cóng yì chāng jīng guò qiáng lìng mín fū
船从益昌经过，强令民夫

tì tā lā chuán hé yì yú bǎ hù bǎn guà
替他拉船。何易于把笏板挂

zài yāo shang juǎn qǐ kù tuǐ qīn zì lā qiàn
在腰上，卷起裤腿亲自拉纤。

明金忠编《瑞世良英》卷三之《唐何易于为益昌令》，讲述何易于挂笏引舟的故事

tū rán cuī pǔ fā xiàn lā qiàn mín fū zhōng yǒu xiàn lìng hé yì yú jīng qí de wèn
突然，崔朴发现拉纤民夫中有县令何易于，惊奇地问

tā wèi shén me lái lā qiàn hé yì yú shuō xiàn zài zhèng shì nóng máng jì jié
他为什么来拉纤。何易于说：“现在正是农忙季节，

lǎo bǎi xìng dōu hěn máng wǒ gāng hǎo méi shì zuò suǒ yǐ jiù lái chōng dāng qiàn fū
老百姓都很忙，我刚好没事做，所以就来充当纤夫

le cuī pǔ tīng hòu xiū kuì nán dāng dài zhe bīn kè yì liū yān táo le huí qù
了。”崔朴听后，羞愧难当，带着宾客一溜烟逃了回去。

南宋夏圭绘《长江万里图》（局部），图左部描绘了长江上纤夫拉船的场景

huò láo xīn huò láo lì láo xīn zhě zhì rén láo lì zhě
或劳心，或劳力；劳心者治人，劳力者
zhì yú rén zhì yú rén zhě sì rén zhì rén zhě sì yú rén tiān
治于人；治于人者食人，治人者食于人，天
xià zhī tōng yì yě
下之通义也。

——《孟子·滕文公上》

【释义】有些人动用脑力，有些人动用体力；动用脑力者统治别人，动用体力者被人统治；被人统治者养活别人，统治者靠别人养活，这是天下通行的道理。

陈平让相

河北满城汉墓出土的西汉长信宫灯

xī hàn chū nián chén píng yǔ zhōu bó hé
西汉初年，陈平与周勃合
móu zhū miè le zhuān quán de lǚ shì zōng zú
谋，诛灭了专权的吕氏宗族。
hàn wén dì jí wèi hòu rèn wéi zhōu bó zài zhè cì píng pàn zhōng gōng láo zuì dà yǒu
汉文帝即位后，认为周勃在这次平叛中功劳最大，有
xīn tí bá tā wéi xiàng shí rèn zuì gāo zhí wù yòu chéng xiàng de chén píng míng bai huáng
心提拔他为相。时任最高职务右丞相的陈平明白皇
dì de xīn si yú shì jiǎ tuō yǒu bìng cí qù xiàng zhí
帝的心思，于是假托有病，辞去相职。

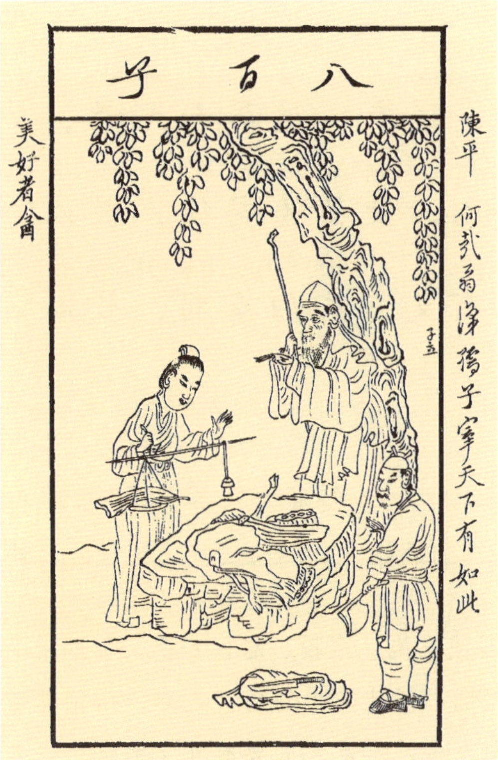

明陈洪绶绘《博古叶子》中的陈平画像，讲述陈平在一次社祭后负责分肉，大家都很满意的故事

zhōu bó shì wǔ jiàng bú shàn
周勃是武将，不擅
cháng guǎn lǐ zhèng shì guò le yí
长管理政事。过了一
duàn shí jiān dāng hàn wén dì wèn qǐ
段时间，当汉文帝问起
quán guó de shěn pàn àn jiàn hé qián liáng
全国的审判案件和钱粮
shōu zhī qíng kuàng shí zhōu bó jìng huí
收支情况时，周勃竟回
dá bú shàng lái xìng kuī chén píng chū
答不上来，幸亏陈平出
miàn jiě wéi cái huà jiě le gān gà
面解围才化解了尴尬。
zhōu bó hěn pèi fú chén píng de néng
周勃很佩服陈平的能
lì jué de zì jǐ bú shì hé dān
力，觉得自己不适合担
rèn yòu chéng xiàng de zhí wù yīn cǐ
任右丞相的职务，因此
tí chū cí chéng cóng cǐ hàn wén dì
提出辞呈。从此，汉文帝
rèn mìng chén píng yì rén wéi chéng xiàng guó
任命陈平一人为丞相，国
jiā guǎn lǐ yòu zǒu shàng le zhèng guǐ
家管理又走上了正轨。

清末《历代名臣像解》中的周勃画像

rén zhī yǒu dào yě bǎo shí nuǎn yī yì jū ér wú jiào
人之有道也，饱食、暖衣、逸居而无教，
zé jìn yú qín shòu shèng rén yǒu yōu zhī shǐ xiè wéi sī tú jiào yǐ
则近于禽兽。圣人有忧之，使契为司徒，教以
rén lún fù zǐ yǒu qīn jūn chén yǒu yì fū fù yǒu bié zhǎng yòu
人伦：父子有亲，君臣有义，夫妇有别，长幼
yǒu xù péng yǒu yǒu xìn
有叙，朋友有信。

——《孟子·滕文公上》

【释义】人之所以为人，就在于即使吃饱、穿暖、居住安逸，但如果没有教化，也和禽兽差不多。圣人为此担忧，便让契担任司徒之职，用伦理道德准则来教化百姓：父子之间要有骨肉之亲，君臣之间要有礼义之道，夫妇之间要有内外之别，长幼之间要有尊卑之序，朋友之间要有诚信之德。

孔子治鲁

chūn qiū shí qī kǒng zǐ céng dān rèn lǔ guó
春秋时期，孔子曾担任鲁国
sī kòu dāng shí yí duì fù zǐ dǎ guān si bèi
司寇。当时，一对父子打官司，被
kǒng zǐ jū liú sān gè yuè guò hòu yě bù shěn
孔子拘留，三个月过后，也不审
pàn zuì hòu fù qīn tí chū bú zài hé ér zi dǎ guān
判。最后父亲提出不再和儿子打官

明人绘孔子为鲁司寇像

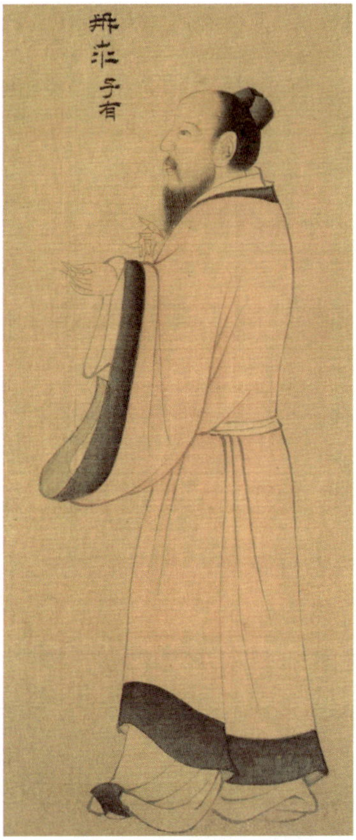

南宋佚名绘《孔子弟子像卷》中的冉求画像

si　kǒng zǐ biàn shì fàng le tā men　zhí zhèng
司，孔子便释放了他们。执政
de jì sūn shì tīng shuō hòu hěn bù gāo xìng　rèn wéi
的季孙氏听说后很不高兴，认为
kǒng zǐ yīng gāi shā diào ér zi lái jǐng gào nà xiē bú
孔子应该杀掉儿子来警告那些不
xiào de rén　ér bú shì shì fàng tā men
孝的人，而不是释放他们。

rǎn qiú jiāng cǐ shì gào su kǒng zǐ　kǒng
冉求将此事告诉孔子，孔
zǐ gǎn kǎi de shuō　xiàn zài de tǒng zhì zhě rǎo
子感慨地说：“现在的统治者扰
luàn jiào huà　zēng jiā xíng fá　shǐ bǎi xìng mí huò
乱教化，增加刑罚，使百姓迷惑
ér duò luò　rán hòu zài qù zhì cái tā men　jié
而堕落，然后再去制裁他们，结
guǒ shǐ xíng fá yuè lái yuè duō　zhì xù què yuè lái
果使刑罚越来越多，秩序却越来
yuè luàn　zhǐ yǒu shī xíng jiào huà　jiǎn shǎo shā
越乱。只有施行教化，减少杀
lù　bǎi xìng cái huì shùn fú　yóu yú kǒng zǐ
戮，百姓才会顺服。”由于孔子
zhù zhòng dào dé jiào huà de shī xíng　lǔ guó yīn
注重道德教化的施行，鲁国因
cǐ xíng chéng le fù
此形成了父
cí zǐ xiào de shè huì
慈子孝的社会
fēng qì
风气。

明刻本《孔子圣迹图》之《赦父子讼》，讲述孔子任鲁司寇期间，审理父子诉讼案件的故事

fēn rén yǐ cái wèi zhī huì　jiāo rén yǐ shàn wèi zhī zhōng　wèi
分人以财谓之惠，教人以善谓之忠，为
tiān xià dé rén zhě wèi zhī rén　shì gù yǐ tiān xià yǔ rén yì　wèi tiān
天下得人者谓之仁。是故以天下与人易，为天
xià dé rén nán
下得人难。

——《孟子·滕文公上》

【释义】把财物分给别人叫作惠，把美德教给别人叫作忠，替天下找到贤才叫作仁。所以把天下让给别人很容易，替天下找到贤才很困难。

清末《历代名臣像解》中的管仲画像

管鲍之交

chūn qiū shí qī　qí guó de guǎn zhòng hé
春秋时期，齐国的管仲和
bào shū yá shì zhī xīn péng you　guǎn zhòng hěn yǒu cái gàn　yóu yú bào shū yá de tuī
鲍叔牙是知心朋友。管仲很有才干，由于鲍叔牙的推
jiàn　dé dào qí huán gōng de shǎng shí hé zhòng yòng　dān rèn xiàng guó hòu　hěn kuài
荐，得到齐桓公的赏识和重用，担任相国后，很快
shǐ qí guó qiáng dà qǐ lai
使齐国强大起来。

guǎn zhòng dāng nián shēng huó pín kùn　céng yǔ bào shū yá yì qǐ jīng shāng　fēn
管仲当年生活贫困，曾与鲍叔牙一起经商，分

清末民初石印本《东周列国志》插图《释槛囚鲍叔荐仲》，讲述鲍叔牙举荐管仲为相的故事

cái wù shí zǒng shì gěi zì jǐ duō fēn
财物时，总是给自己多分
yì xiē bào shū yá zhī dào tā jiā
一些，鲍叔牙知道他家
li qióng cóng bù yǔ tā jì jiào guǎn
里穷，从不与他计较。管
zhòng céng duō cì zuò guān duō cì bèi
仲曾多次做官，多次被
bà miǎn bào shū yá zhī dào tā bú shì
罢免。鲍叔牙知道他不是
méi yǒu cái néng ér shì méi yǒu yù dào
没有才能，而是没有遇到
míng jūn guǎn zhòng céng duō cì lín zhèn
明君。管仲曾多次临阵
tuō táo bào shū yá zhī dào tā bú shì
脱逃，鲍叔牙知道他不是
tān shēng pà sǐ ér shì gù lǜ lǎo
贪生怕死，而是顾虑老
mǔ qīn wú rén zhào liào guǎn zhòng duì
母亲无人照料。管仲对
bào shū yá shí fēn jìng zhòng féng rén jiù
鲍叔牙十分敬重，逢人就
shuō shēng wǒ de shì fù mǔ zhēn zhèng liǎo jiě wǒ de shì bào shū yá a
说："生我的是父母，真正了解我的是鲍叔牙啊！"

山东嘉祥武氏祠左石室出土画像《管仲射中小白》，描绘在齐国内乱中，管仲射中齐桓公的场景

枉己者，未有能直人者也。

——《孟子·滕文公下》

【释义】 自身不正直的人，是不能使别人正直的。

太白醉酒

清殿藏本李白画像

唐玄宗后期，李白经贺知章推荐，做了翰林供奉。但遗憾的是，唐玄宗已日趋昏庸，他宠爱杨贵妃，任用小人，只把李白当作御用文人来看。

一天，唐玄宗想为新曲填词，就派太监去找李白。李白在酒馆喝得大醉，被太监抬进宫里。酒醒

明人绘唐玄宗画像

hòu lǐ bái tí qǐ máo bǐ zhǔn bèi
后，李白提起毛笔准备
tián cí hū rán jué de xuē zi tào zài
填词，忽然觉得靴子套在
jiǎo shang hěn bù shū fu jiù ràng tài
脚上很不舒服，就让太
jiàn tóu zi gāo lì shì wèi tā tuō diào xuē
监头子高力士为他脱掉靴
zi gāo lì shì suī bù qíng yuàn yě
子。高力士虽不情愿，也
bù gǎn fā zuò guì xià wèi lǐ bái tuō
不敢发作，跪下为李白脱
diào xuē zi lǐ bái de ào àn shǐ quán chén
掉靴子。李白的傲岸使权臣
guì qī bú kuài táng xuán zōng yě jiàn jiàn shū
贵戚不快，唐玄宗也渐渐疏
yuǎn le tā hòu lái lǐ bái shí zài kàn bú
远了他。后来，李白实在看不
guàn cháo tíng li xiǎo rén de suǒ zuò suǒ wéi yú
惯朝廷里小人的所作所为，于
shì cí guān lí kāi cháng ān chóng xīn guò qǐ
是辞官离开长安，重新过起
zì yóu zì zài de shēng huó tā zhōu yóu gè
自由自在的生活。他周游各
dì xiě xià xǔ duō ōu gē zǔ guó zhuàng lì
地，写下许多讴歌祖国壮丽
shān hé de měi hǎo shī piān
山河的美好诗篇。

清苏六朋绘《太白醉酒图》

jū tiān xià zhī guǎng jū　lì tiān xià zhī zhèng wèi　xíng tiān xià
居天下之广居，立天下之正位，行天下
zhī dà dào　dé zhì　yǔ mín yóu zhī　bù dé zhì　dú xíng qí dào
之大道；得志，与民由之；不得志，独行其道。

——《孟子·滕文公下》

【释义】住在天下最宽广的住宅“仁”里，站在天下最正确的位置“礼”上，走在天下最光明的道路“义”中；得志的时候，同百姓一起走这条路；不得志的时候，也独自坚持自己的原则。

居正行义

唐阎立本绘《历代帝王图卷》中的晋武帝司马炎画像

xī jìn wǔ dì chū nián　liú yì bèi
西晋武帝初年，刘毅被
rèn mìng wéi sī lì xiào wèi　fù zé jī bǔ jiū
任命为司隶校尉（负责缉捕纠
chá fàn fǎ guān mín　shàng rèn hòu　chéng zhì
察犯法官民）。上任后，惩治
háo qiáng　chóng zhěng gāng jì　jīng chéng fēng qì
豪强，重整纲纪，京城风气
wéi zhī yí biàn　yí cì　huáng tài zǐ shàng
为之一变。一次，皇太子上
cháo　dài zhe gǔ yuè duì jìn gōng　dāng jí bèi liú yì dǎng zài mén wài　zhī hòu
朝，带着鼓乐队进宫，当即被刘毅挡在门外。之后，

甘肃嘉峪关壁画墓出土的西晋备厨图

liú yì shàng shū tán hé jiǎn jǔ guān lì zuì zhuàng tài zǐ lǎo shī hé xiāng guān guān
刘毅上书弹劾（检举官吏罪状）太子老师和相关官
yuán shī zhí zhuī jiū tā men de zé rèn
员失职，追究他们的责任。

yì tiān jìn wǔ dì wèn liú yì zì jǐ kě yǐ gēn hàn cháo de nǎ ge huáng dì
一天，晋武帝问刘毅自己可以跟汉朝的哪个皇帝
bǐ shàng yì bǐ liú yì rèn wéi jìn wǔ dì mài guān yù jué zhōng bǎo sī náng kě
比上一比。刘毅认为晋武帝卖官鬻爵，中饱私囊，可
yǐ hé hàn cháo hūn yōng wú néng de huán dì líng dì xiāng bǐ dà chén zōu zhàn zé
以和汉朝昏庸无能的桓帝、灵帝相比。大臣邹湛则
gōng wéi shuō jìn wǔ dì dà dù róng rěn kě
恭维说，晋武帝大度容忍，可
yǐ hé hàn wén dì pì měi jìn wǔ dì suī rán
以和汉文帝媲美。晋武帝虽然
jué de liú yì de huà bù zhōng tīng dàn hái
觉得刘毅的话不中听，但还
míng bai zhōng jiān zhī fēn réng duì liú yì xìn
明白忠奸之分，仍对刘毅信
rèn yǒu jiā
任有加。

西晋青釉羊

fù guì bù néng yín　pín jiàn bù néng yí　wēi wǔ bù néng
富贵不能淫，贫贱不能移，威武不能
qū　cǐ zhī wèi dà zhàng fū
屈，此之谓大丈夫。

——《孟子·滕文公下》

【释义】富贵不能迷乱他的思想，贫贱不能改变他的志向，威武不能折服他的节操，这才叫作大丈夫。

完璧归赵

zhàn guó shí qī　qín zhāo xiāng wáng tīng shuō zhào guó dé dào hé shì bì hòu
战国时期，秦昭襄王听说赵国得到和氏璧后，
biàn shuō yuàn yòng shí wǔ zuò chéng lái huàn hé shì bì　zhào wáng bù gǎn dé zuì qín
便说愿用十五座城来换和氏璧。赵王不敢得罪秦
wáng　yòu bú yuàn jiāo chū hé shì
王，又不愿交出和氏
bì　yì shí jiān jìn tuì liǎng nán
璧，一时间进退两难。
zhè shí　lìn xiàng rú zì gào fèn yǒng
这时，蔺相如自告奋勇
chū shǐ qín guó　bìng bǎo zhèng rú guǒ
出使秦国，并保证如果
qín guó bù jiāo chéng chí　tā jiù bǎ
秦国不交城池，他就把
yù bì wán zhěng de dài huí lái
玉璧完整地带回来。

战国玉透雕龙纹璧

山东嘉祥梁武祠后壁画像《蔺相如完璧归赵》，描绘蔺相如手持玉璧，与秦王周旋的场景

lìn xiàng rú dào dá xián yáng hòu jiàn qín wáng bìng bù zhēn xīn huàn yù bì biàn yào qín wáng mù yù zhāi jiè rán hòu cái kěn jiāo chū yù bì cǐ jiān

蔺相如到达咸阳后，见秦王并不真心换玉璧，便要秦王沐浴斋戒，然后才肯交出玉璧。此间，

lìn xiàng rú pài rén cóng xiǎo lù tōu tōu bǎ yù bì sòng huí le zhào guó

蔺相如派人从小路偷偷把玉璧送回了赵国。

qín wáng tīng shuō yù bì yǐ fǎn huí zhào guó shí fēn shēng qì dàn jué de shā le lìn xiàng rú zhǐ huì pò huài liǎng guó de guān xì biàn bǎ tā fàng le huí qù

秦王听说玉璧已返回赵国，十分生气，但觉得杀了蔺相如只会破坏两国的关系，便把他放了回去。

lìn xiàng rú yīn chū shǐ qín guó yǒu gōng bèi zhào wáng fēng wéi shàng dà fū

蔺相如因出使秦国有功，被赵王封为上大夫。

清吴历绘《人物故事图册》之一，描绘蔺相如出使秦国，在秦廷手持玉璧与秦王对峙的场景

mèng zǐ yuē fēi qí dào zé yì dān shí bù kě shòu yú
孟子曰：“非其道，则一箪食不可受于
rén rú qí dào zé shùn shòu yáo zhī tiān xià bù yǐ wéi tài
人；如其道，则舜受尧之天下，不以为泰，
zǐ yǐ wéi tài hū
子以为泰乎？”

——《孟子·滕文公下》

【释义】孟子说：“如果不合道理，就是一小竹筐饭也不能接受；如果合乎道理，就是舜接受尧的天下，也不能认为是过分，你认为过分吗？”

列御寇拒赠

元华祖立绘《玄门十子图》中的列子画像

liè yù kòu liè zǐ shì zhàn guó shí
列御寇（列子）是战国时
dào jiā suī rán hěn yǒu xué wen shēng huó què
道家，虽然很有学问，生活却
guò de fēi cháng qīng kǔ shí cháng yí fù miàn
过得非常清苦，时常一副面
huáng jī shòu de yàng zi wèi cǐ zǒng shòu qī zi mán yuàn yí cì yí gè péng
黄肌瘦的样子，为此总受妻子埋怨。一次，一个朋
you jiàn tā zhè fù mú yàng jué de zhèng guó bú zhòng shì rén cái yú shì zhǎo dào fǔ
友见他这副模样，觉得郑国不重视人才，于是找到辅
zhèng dà chén zhèng zǐ yáng pī píng tā men bù dǒng de zūn zhòng rén cái
政大臣郑子阳，批评他们不懂得尊重人才。

明张路绘列子画像，描绘了列子御风而行的形象

战国四山纹镜

zhèng zǐ yáng lián lián rèn cuò dì èr tiān
郑子阳连连认错，第二天
biàn pài rén gěi liè yù kòu sòng qù liáng shi liè
便派人给列御寇送去粮食。列
yù kòu biǎo shì wú gōng bú shòu lù jù jué jiē
御寇表示无功不受禄，拒绝接
shòu zhèng zǐ yáng de kuì zèng qī zi hěn bù lǐ
受郑子阳的馈赠。妻子很不理
jiě liè yù kòu jiě shì shuō zhèng guó guó jūn
解，列御寇解释说：“郑国国君
shì gè tān lán zhī rén bù zhí dé bāng zhù rú guǒ wǒ jiē shòu kuì zèng jiù děi
是个贪婪之人，不值得帮助。如果我接受馈赠，就得
zài tā kùn nan shí chū shǒu xiāng zhù wǒ zěn néng qù bāng zhù bú yì zhī rén ne
在他困难时出手相助，我怎能去帮助不义之人呢？”
bù jiǔ zhèng guó guó jūn zài nèi luàn zhōng bèi shā dà jiā dōu pèi fú liè yù kòu jiàn
不久，郑国国君在内乱中被杀，大家都佩服列御寇见
wēi zhī zhù de yuǎn jiàn
微知著的远见。

yì qí rén fù zhī zhòng chǔ rén xiū zhī suī rì tà ér qiú qí
一齐人傅之，众楚人咻之，虽日挞而求其
qí yě bù kě dé yǐ yǐn ér zhì zhī zhuāng yuè zhī jiān shù nián
齐也，不可得矣；引而置之庄岳之间数年，
suī rì tà ér qiú qí chǔ yì bù kě dé yǐ
虽日挞而求其楚，亦不可得矣。

——《孟子·滕文公下》

【释义】一个齐国人在教他，却有许多楚国人在干扰，即使天天鞭打他，逼他学说齐国话，也是不可能的；如果带他到齐国的闹市庄街、岳里住上几年，即使天天鞭打他，要他讲楚国话，也是不可能的。

清殿藏本孟子画像

一傅众咻

zhàn guó shí qī mèng zǐ tīng shuō sòng
战国时期，孟子听说宋
guó guó jūn yào xíng rén zhèng biàn tè dì gǎn dào
国国君要行仁政，便特地赶到
sòng guó dàn dāi le yí duàn shí jiān fā xiàn
宋国，但待了一段时间，发现
sòng guó de xián rén hěn shǎo jiù jué dìng lí kāi nà lǐ sòng guó guó jūn pài dài bú
宋国的贤人很少，就决定离开那里。宋国国君派戴不
shèng qù wǎn liú mèng zǐ bìng wèn tā rú hé cái néng shǐ guó jūn xián míng
胜去挽留孟子，并问他如何才能使国君贤明。

战国嵌金银鸟耳壶

孟子说："我先给你说一件事情：一位楚国大夫想让儿子学说齐国话，便请来一个齐国人教他，可周围有许多楚国人干扰，即使天天鞭打他，他也学不会齐国话；如果带他到齐国的闹市住上几年，即使天天鞭打他，要他讲楚国话，也是不可能的。所以要想使宋国国君贤明，国君身边的贤人多起来才行啊！如果国君身边都不是贤人，那么国君能与谁去做好事呢？"戴不胜赞同孟子的观点，回去向国君复命。

清费丹旭绘孟子画像

jīn yǒu rén rì rǎng qí lín zhī jī zhě huò gào zhī yuē
今有人日攘其邻之鸡者，或告之曰：
shì fēi jūn zǐ zhī dào yuē qǐng sǔn zhī yuè rǎng yì
“是非君子之道。”曰：“请损之，月攘一
jī yǐ dài lái nián rán hòu yǐ rú zhī qí fēi yì sī sù
鸡，以待来年，然后已。”如知其非义，斯速
yǐ yǐ hé dài lái nián
已矣，何待来年？

——《孟子·滕文公下》

【释义】现在有个人每天偷邻居一只鸡，有人告诉他说：“这不是君子的行为。”他却说：“请允许我少偷一些，每月偷一只鸡，等到明年，就不再偷了。”如果知道这种事情不正确，就该马上停止，何必等到明年呢？

坚持改错

清康熙黑地五彩三星图盘

qīng cháo kāng xī nián jiān yǒu yí gè
清朝康熙年间，有一个
shào nián jiào xú wén jìng cóng xiǎo tiáo pí dǎo
少年叫徐文靖，从小调皮捣
dàn bù jǐn mǎn zuǐ zāng huà cū huà
蛋，不仅满嘴脏话、粗话，
hái jīng cháng hé rén dǎ jià tóng xué men dōu bú yuàn yì hé tā jiāo péng you
还经常和人打架，同学们都不愿意和他交朋友。

清焦秉贞绘《百子团圆图》之一，描绘儿童打斗的场景

hòu lái zài lǎo shī hé
后来，在老师和
fù mǔ de bāng zhù xià
父母的帮助下，
xú wén jìng jué dìng tòng gǎi
徐文靖决定痛改
qián fēi
前非。

wèi le gǎi biàn bù liáng
为了改变不良
xí guàn tā xiǎng le yí gè
习惯，他想了一个
bàn fǎ tā zhǎo lái liǎng gè
办法。他找来两个
xiǎo cí píng zhǔn bèi fēn bié
小瓷瓶，准备分别
chǔ fàng hēi dòu hé huáng dòu
储放黑豆和黄豆，
měi dāng zuò le hǎo shì jiù
每当做了好事，就
zài yí gè píng zi li fàng yì kē huáng dòu měi dāng zuò le cuò shì jiù zài lìng yí
在一个瓶子里放一颗黄豆；每当做了错事，就在另一
gè píng zi li fàng yì kē hēi dòu guò yí duàn shí jiān tā bǎ liǎng gè píng zi li
个瓶子里放一颗黑豆。过一段时间，他把两个瓶子里
de dòu zi dào chū lái tōng guò duì liǎng zhǒng dòu zi shù liàng de bǐ jiào jìn xíng jiǎn
的豆子倒出来，通过对两种豆子数量的比较，进行检
chá fǎn xǐng jiàn jiàn de huáng dòu duō le
查、反省。渐渐地，黄豆多了，
hēi dòu shǎo le zuì zhōng tā gǎi diào le bù liáng
黑豆少了，最终他改掉了不良
xí guàn
习惯。

清康熙通宝

chūn qiū tiān zǐ zhī shì yě shì gù kǒng zǐ yuē
《春秋》，天子之事也。是故孔子曰：
zhī wǒ zhě qí wéi chūn qiū hū zuì wǒ zhě qí wéi
“知我者，其惟《春秋》乎；罪我者，其惟
chūn qiū hū
《春秋》乎！”

——《孟子·滕文公下》

【释义】编写《春秋》这部著作，（对历史有所赞扬或指责，）本来是天子该做的事，（孔子却不得已而做了。）所以孔子说：“了解我的人，大概是因为《春秋》这部著作吧；怪罪我的人，大概也是因为《春秋》这部著作吧！”

孔子作《春秋》

xī zhōu mò nián zhōu yōu wáng yīn
西周末年，周幽王因
tān liàn nǚ sè ér dǎo zhì guó jiā miè wáng
贪恋女色而导致国家灭亡，
zhōu píng wáng qiān dū luò yì hòu zhōng guó lì
周平王迁都雒邑后，中国历
shǐ jìn rù le zhū hóu fēn zhēng de chūn qiū shí
史进入了诸侯纷争的春秋时

南宋马远绘孔子画像

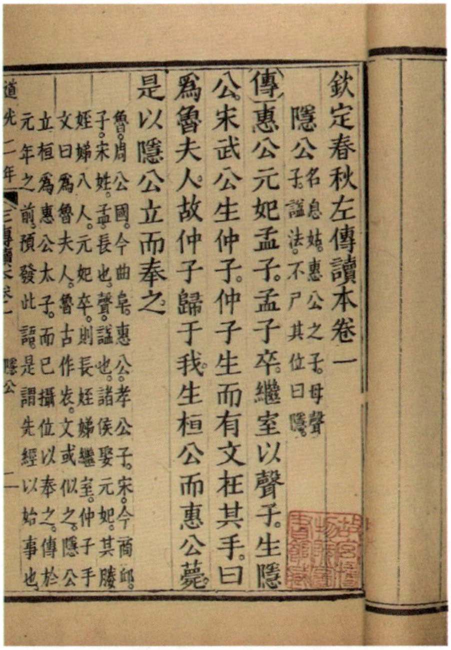
欽定春秋左傳讀本卷一

隱公

傳 惠公元妃孟子。孟子卒，繼室以聲子，生隱公。宋武公生仲子。仲子生而有文在其手，曰爲魯夫人，故仲子歸于我。生桓公而惠公薨，是以隱公立而奉之。

《春秋左传》书影

代。从此，周王室的地位一落千丈，诸侯争霸，社会开始动荡不安。

鉴于这种状况，孔子编写了《春秋》这部著作。《春秋》是鲁国的编年史书，以鲁国十二公为次序，所记之事始于鲁隐公元年（公元前722年），终于鲁哀公十四年（公元前481年），是中国最早的编年体史书。由于该书影响巨大，以至于当时的士大夫认为，能得到《春秋》一字赞扬，要胜过天子嘉奖；而得到《春秋》一字批评，其耻辱超过杀头。孔子也不得不感叹说：“喜欢我的人是因为《春秋》，憎恨我的人也是因为《春秋》呀！”

春秋环带纹壶

wǒ yì yù zhèng rén xīn xī xié shuō jù bì xíng fàng yín cí
我亦欲正人心，息邪说，距诐行，放淫辞，

yǐ chéng sān shèng zhě qǐ hào biàn zāi yú bù dé yǐ yě
以承三圣者。岂好辩哉？予不得已也！

——《孟子·滕文公下》

【释义】我也想端正人心，消灭邪说，反对放纵、偏激的行为，驳斥荒诞的言论，以此来继承大禹、周公、孔子三位圣人的事业。这难道是喜欢辩论吗？我实在是迫不得已才这么做的！

清人绘汉文帝刘恒画像

张释之护法

hàn wén dì shí zhāng shì zhī dān
汉文帝时，张释之担

rèn zhǎng guǎn quán guó xíng yù sī fǎ de
任掌管全国刑狱、司法的

tíng wèi tā gāng zhí bù ē zhí fǎ
廷尉。他刚直不阿，执法

yán míng yí cì hàn wén dì chéng chē
严明。一次，汉文帝乘车

chū yóu yí gè xíng rén jīng rǎo le jià chē de mǎ pǐ hàn wén dì chà diǎn er cóng
出游，一个行人惊扰了驾车的马匹，汉文帝差点儿从

chē shang shuāi xià lái hàn wén dì hěn shēng qì pài shì cóng bǎ zhè ge rén zhuā qǐ
车上摔下来。汉文帝很生气，派侍从把这个人抓起

位于河南南阳的张释之祠

来，交给张释之治罪。张释之问明情况后，依法判处罚金，未加深究。

汉文帝对此判决十分不满，张释之解释说：“法律是皇帝和百姓都应当遵守的，廷尉作为秉公执法的人，就应该严格依法办事；如果执法忽轻忽重，百姓就不知道该怎么办了。”汉文帝听了张释之的解释后，觉得句句在理，同意了他的判决。

长沙马王堆汉墓出土的西汉云纹漆方壶

bào qí mín shèn zé shēn shì guó wáng bú shèn zé shēn wēi
暴其民甚，则身弑国亡；不甚，则身危
guó xuē míng zhī yuē yōu lì suī xiào zǐ cí sūn bǎi
国削。名之曰“幽”“厉”，虽孝子慈孙，百
shì bù néng gǎi yě
世不能改也。

——《孟子·离娄上》

【释义】对百姓过分暴虐，就会落得自身被杀、国家灭亡的结果；即使对百姓没有过分暴虐，也会危及自身，并使国势衰弱。君王死后如果有“幽”“厉”的谥号，即使他们有孝顺的子孙，经历一百代，这个谥号也是改变不了的。

厉王昏政

西周晚期颂鼎

xī zhōu hòu qī zhōu lì wáng zuò le guó
西周后期，周厉王做了国
jūn hòu wèi mǎn zú tān yù rèn yòng róng yí
君后，为满足贪欲，任用荣夷
gōng děng xiǎo rén shí xíng zhuān lì zhèng cè bà zhàn shān chuān lín zé de yí qiè
公等小人，实行“专利”政策，霸占山川林泽的一切
shōu yì yǔ mín zhēng lì zǔ sè mín shēng dào lù zào chéng mín bù kān mìng de
收益，与民争利，阻塞民生道路，造成民不堪命的

西周厉王时期十二年大簋盖铭文拓片

局面。大夫芮良夫劝谏周厉王远离佞臣荣夷公，辅政的召公也劝说周厉王放弃“专利”政策，以平息百姓的不满情绪。周厉王非但不听，还推行高压政策进行“弭谤”（不让百姓说坏话），派密探监听百姓言论，有谁骂厉王，一经告发，便被处以极刑，结果造成“百姓见莫不敢言，道路以目”的局面。

后来，愤怒的国人发动暴动，周厉王仓皇出逃，最终落得客死他乡的下场。

西周师酉簋及铭文，记载了周懿王命令师酉继承祖先官职，管理农业生产及部分奴隶等内容

sān dài zhī dé tiān xià yě yǐ rén qí shī tiān xià yě yǐ
三代之得天下也，以仁；其失天下也，以
bù rén guó zhī suǒ yǐ fèi xīng cún wáng zhě yì rán
不仁。国之所以废兴存亡者亦然。

——《孟子·离娄上》

台北故宫博物院藏周武王画像

【释义】夏、商、周三代获取天下是因为仁，失去天下是因为不仁。国家的兴起和衰败、生存和灭亡也是这个道理。

武王兴周

zhōu wǔ wáng miè shāng hòu rì lǐ wàn
周武王灭商后，日理万
jī chǔ lǐ gè zhǒng guó jiā dà shì miàn duì
机，处理各种国家大事，面对
fù zá de jú miàn jīng cháng yè bù néng mèi
复杂的局面，经常夜不能寐。
jiàn yú shāng cháo miè wáng de jiào xùn wǔ wáng shì
鉴于商朝灭亡的教训，武王视
chá gè dì hòu jué dìng yíng jiàn dōng dū luò yì
察各地后，决定营建东都雒邑，
yǐ gǒng gù duì dōng fāng de tǒng zhì bǎ zhàn mǎ
以巩固对东方的统治；把战马
fàng zài huà shān de nán miàn bǎ gēng niú yǎng dào
放在华山的南面，把耕牛养到

清末《钦定书经图说・洛诰》一章中的《作邑东国图》，描绘周公营建东都雒邑时的场景

táo lín yuán yě rán hòu shōu cáng bīng qì jiě sàn jūn duì zhāo shì tiān xià bú zài yòng wǔ

桃林原野；然后收藏兵器，解散军队，昭示天下不再用武。

wèi lǒng luò yīn shāng yí mín wǔ wáng mìng shào gōng shì fàng bèi qiú jìn de jī zǐ mìng bì gōng shì fàng bèi qiú jìn de bǎi xìng bìng dào yīn xián chén shāng róng de gù zhái jìn xíng biǎo zhāng tóng shí mìng nán gōng kuò sàn fā lù tái de qián cái hé jù qiáo de liáng shi jiù jì pín ruò de bǎi xìng

为笼络殷商遗民，武王命召公释放被囚禁的箕子，命毕公释放被囚禁的百姓，并到殷贤臣商容的故宅进行表彰，同时命南宫括散发鹿台的钱财和钜桥的粮食，救济贫弱的百姓。

tōng guò shí xíng zhè xiē cuò shī wǔ wáng dé dào bǎi xìng de yōng hù xīn jiàn lì de zhōu cháo hěn kuài wěn dìng xià lái

通过实行这些措施，武王得到百姓的拥护，新建立的周朝很快稳定下来。

清廖鸿章绘《历代帝王巡幸图》之周武王卷，描绘周武王安定天下后，祭祀河海之神的场景

ài rén bù qīn fǎn qí rén zhì rén bú zhì fǎn qí zhì
爱人不亲，反其仁；治人不治，反其智；
lǐ rén bù dá fǎn qí jìng xíng yǒu bù dé zhě jiē fǎn qiú zhū
礼人不答，反其敬。行有不得者，皆反求诸
jǐ qí shēnzhèng ér tiān xià guī zhī
己，其身正，而天下归之。

——《孟子·离娄上》

【释义】爱别人，别人不来亲近，就要反问自己的仁爱程度；管理别人，可是没管好，就要反问自己的智慧程度；礼貌待人，别人却不理睬，就要反问自己的恭敬程度。行为没有达到预期的效果，都要反过来问问自己，自身端正了，天下的人就会来归附他。

挥泪斩马谡

sān guó shí qī zhū gě liàng shuài jūn
三国时期，诸葛亮率军
fá wèi wèi shuài sī mǎ yì shuài bù jìn jūn hàn
伐魏，魏帅司马懿率部进军汉
zhōng zhū gě liàng rèn wéi jiē tíng shì tōng wǎng hàn
中。诸葛亮认为街亭是通往汉
zhōng de yān hóu yào dào zhǔn bèi pài dà jiàng zhù
中的咽喉要道，准备派大将驻

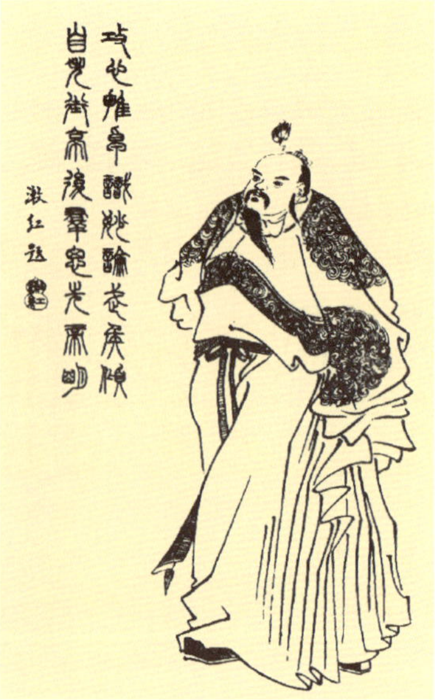

清光绪刻本《图像三国志》中的马谡画像

苏州桃花坞年画《失街亭》，描绘街亭失守后，诸葛亮挥泪斩马谡的场景

防。参军马谡自负熟读兵书，愿立军令状，前去镇守街亭。诸葛亮对马谡有些不放心，又派行事谨慎的王平为副将，反复叮嘱他们务必小心。

马谡到街亭后，刚愎自用，扎营山上，王平多次劝说，马谡都不听。结果，蜀军水源被魏军切断，蜀兵不战自乱，街亭失守。马谡逃回蜀营后，诸葛亮虽有惜才之心，但为明正军法，挥泪将马谡斩首。诸葛亮深悔用人失当，反省自责，上疏请求把自己连降三级。

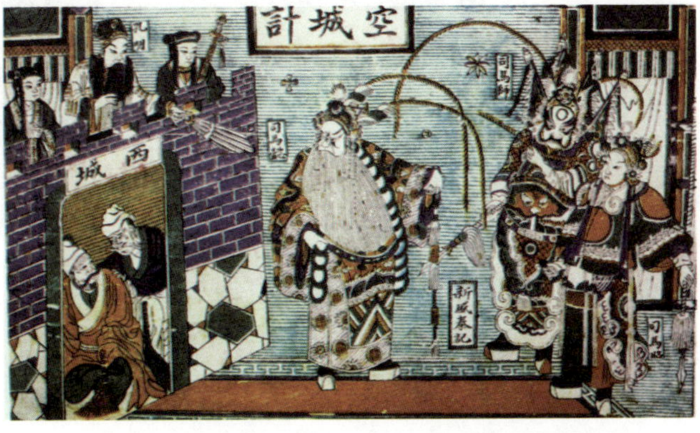

清代山东高密年画《空城计》，讲述街亭失守后，诸葛亮无奈摆下空城计，吓走司马懿的故事

tiān xià yǒu dào xiǎo dé yì dà dé xiǎo xián yì dà xián tiān
天下有道，小德役大德，小贤役大贤；天
xià wú dào xiǎo yì dà ruò yì qiáng sī èr zhě tiān yě shùn
下无道，小役大，弱役强。斯二者，天也。顺
tiān zhě cún nì tiān zhě wáng
天者存，逆天者亡。

——《孟子·离娄上》

【释义】政治清明的时候，道德不高的受道德高的役使，才智低的受才智高的役使；政治黑暗的时候，力量小的受力量大的役使，势力弱的受势力强的役使。这两种情况，都是由天理决定的。顺从天理的生存，违逆天理的灭亡。

二世亡秦

明佚名绘《阿房宫图》（局部）

qín cháo jiàn lì hòu tuī xíng zhuān
秦朝建立后，推行专
zhì jí quán tǒng zhì fǎ lǜ kù yán
制集权统治，法律酷严，
fù yì fán zhòng bǎi xìng bèi zhēng qù cóng shì zhēng shù yùn shū jūn liáng xīng xiū
赋役繁重，百姓被征去从事征戍、运输军粮、兴修
gōng shì líng mù děng kǔ yì qín shǐ huáng sǐ hòu hú hài zài lǐ sī zhào gāo de
宫室陵墓等苦役。秦始皇死后，胡亥在李斯、赵高的

天津杨柳青年画《宇宙锋》，讲述的故事是：秦二世重用宦官赵高，残害忠臣匡扶，匡氏全家仅匡忠逃脱；秦二世看上匡忠之妻赵女艳容，欲纳为妾，赵女碎衣毁容，佯装疯癫，得以保全清白

拥立下即位，是为秦二世。秦二世统治期间，继续大修阿房宫和驰道，诛杀大臣宗室（李斯也未幸免），赋税徭役较秦始皇时更为繁重。社会矛盾由此变得更加尖锐，不久便爆发了陈胜、吴广领导的农民起义。

后来，秦二世为赵高逼迫自杀，秦王子婴又杀赵高。公元前206年，刘邦率军攻入秦都咸阳，秦始皇万世一系的梦想破灭，秦朝成为二世而亡的短命王朝。

清乾隆年制《历代帝王像真迹》中的汉高祖刘邦画像

fú rén bì zì wǔ rán hòu rén wǔ zhī jiā bì zì huǐ ér

夫人必自侮，然后人侮之；家必自毁，而

hòu rén huǐ zhī guó bì zì fá ér hòu rén fá zhī

后人毁之；国必自伐，而后人伐之。

——《孟子·离娄上》

【释义】 人一定先有自取其辱的行为，别人才会侮辱他；家一定先有自取毁灭的因素，别人才毁灭它；国一定先有自取讨伐的原因，别人才会讨伐它。

暴虐亡国

唐阎立本绘《历代帝王图卷》中的隋炀帝画像

suí yáng dì shì zhōng guó lì shǐ shang

隋炀帝是中国历史上

de bào jūn tōng guò shā xiōng hài fù duó

的暴君，通过杀兄害父，夺

dé dì wèi zài wèi qī jiān dà xīng tǔ

得帝位。在位期间，大兴土

mù yì shǐ wú dù wèi yíng jiàn dōng dū

木，役使无度。为营建东都

luò yáng tā měi yuè zhēng yòng èr bǎi wàn

洛阳，他每月征用二百万

láo lì fèi shí yì nián tā qián hòu sān

劳力，费时一年；他前后三

cì xià lìng dà guī mó xīng xiū yùn hé zhēng

次下令大规模兴修运河，征

jí mín gōng shù bǎi wàn hào shí liù nián tā guǎng xiū
集民工数百万，耗时六年；他广修
bié guǎn dà shì xún yóu zào lóng zhōu yóu jiāng dū
别馆，大事巡游，造龙舟，游江都
jīn jiāng sū yáng zhōu yán tú bǎi xìng shēn shòu qí
（今江苏扬州），沿途百姓深受其
hài tā hái xiū cháng chéng kāi chí dào sān zhēng
害；他还修长城，开驰道，三征
gāo lí pò shǐ shù bǎi wàn bǎi xìng bèi jǐng lí xiāng
高丽，迫使数百万百姓背井离乡。

隋朝十二生肖纹镜

gōng yuán nián gè dì nóng mín fēn fēn qǐ yì háo zú yě chéng jī qǐ
公元611年，各地农民纷纷起义，豪族也乘机起
bīng suí yáng dì zhòng pàn qīn lí gōng yuán nián zài jiāng dū bèi jìn jūn jiàng lǐng
兵。隋炀帝众叛亲离，公元618年在江都被禁军将领
yǔ wén huà jí děng rén lēi sǐ yí dài bào jūn zuì zhōng luò le gè shēn sǐ guó
宇文化及等人勒死，一代暴君，最终落了个身死国
wáng de xià chǎng
亡的下场。

清袁耀绘《邗江览胜图》，描绘了扬州郊区邗江的繁华胜景。隋炀帝当年曾三下江南，在江都（今江苏扬州）修建行宫，并最终死在这里

dé tiān xià yǒu dào dé qí mín sī dé tiān xià yǐ dé qí
得天下有道：得其民，斯得天下矣。得其
mín yǒu dào dé qí xīn sī dé mín yǐ dé qí xīn yǒu dào suǒ
民有道：得其心，斯得民矣。得其心有道：所
yù yǔ zhī jù zhī suǒ wù wù shī ěr yě
欲与之聚之，所恶勿施尔也。

——《孟子·离娄上》

【释义】得到天下有办法：得到百姓的支持，就能得到天下。得到百姓的支持有办法：赢得民心，就能得到百姓的支持。赢得民心有办法：百姓想要的，替他们积聚起来；百姓厌恶的，不要强加给他们，仅此而已。

文景之治

xī hàn wén dì hé ér zi jǐng dì zài wèi qī jiān zhòng shì nóng yè shēng chǎn shí xíng qīng yáo bó fù zhèng cè wén dì shí tián zū yóu shí wǔ shuì yī jiǎn wéi sān shí shuì yī jǐng dì zé bǎ sān shí shuì yī zuò
西汉文帝和儿子景帝在位期间，重视农业生产，实行轻徭薄赋政策。文帝时田租由十五税一减为三十税一，景帝则把三十税一作

明金忠编《瑞世良英》卷三之《汉文帝即位》，讲述汉文帝即位后，兴利除害，使天下安定的故事

清人绘汉景帝画像

为定制。人头税由每人每年120钱减为40钱，徭役也由一年服一个月减为三年服一个月。他们还尽量减少土木工程，生活上注重节俭。同时，吸取秦朝严刑峻法引起社会动乱的教训，任用宽厚廉洁的官吏，并废除连坐、肉刑等酷法。

经过近四十年的修养生息，当时土地开辟，人口增加，出现了社会安定，政治清明，经济繁荣的局面，国家政治经济实力大为增强，史称“文景之治”。

清孙祜、周鲲、丁观鹏等绘《汉宫春晓图》（局部）

chéng zhě　tiān zhī dào yě　sī chéng zhě　rén zhī dào yě
诚者，天之道也；思诚者，人之道也。
zhì chéng ér bú dòng zhě　wèi zhī yǒu yě　bù chéng　wèi yǒu néng
至诚而不动者，未之有也；不诚，未有能
dòng zhě yě
动者也。

——《孟子·离娄上》

【释义】诚心是自然的道理，追求诚心是做人的道理。极端诚心而不能使人感动，是从来不会有的事；不诚心，不可能使人感动。

烽火戏诸侯

xī zhōu wáng cháo zuì hòu yí
西周王朝最后一
gè guó wáng jiào zhōu yōu wáng　shí fēn
个国王叫周幽王，十分
hūn yōng　tā chǒng ài yí gè jiào bāo
昏庸。他宠爱一个叫褒
sì de fēi zi　bāo sì shēng xìng yōu
姒的妃子，褒姒生性忧
yù　bú ài xiào　wèi le néng bó dé
郁，不爱笑，为了能博得

清末民初马骀绘《美人百态画谱》中的褒姒画像

明张居正、吕调阳所撰《帝鉴图说》插图《戏举烽火》，讲述了周幽王烽火戏诸侯的故事

tā yí xiào zhōu yōu wáng jìng wú gù diǎn rán fēng huǒ fēng huǒ shì guó jiā zài wēi jí shí hào zhào zhū hóu qián lái jiù jià de bào jǐng xìn hào zhū hóu fā xiàn

她一笑，周幽王竟无故点燃烽火。烽火是国家在危急时号召诸侯前来救驾的报警信号，诸侯发现

fēng huǒ rán qǐ fēn fēn shuài bīng gǎn lái dào le cái fā xiàn zhè jìng shì zhōu yōu wáng

烽火燃起，纷纷率兵赶来，到了才发现这竟是周幽王

kāi de yì cháng wán xiào cǐ hòu zhōu yōu wáng yòu duō cì diǎn rán fēng huǒ zhū hóu

开的一场玩笑。此后，周幽王又多次点燃烽火，诸侯

lǚ cì shàng dàng hòu duì fēng huǒ bào jǐng dōu yǐ má mù bù rén bú zài xiāng xìn

屡次上当后，对烽火报警都已麻木不仁，不再相信

zhōu yōu wáng le

周幽王了。

bù jiǔ xī fāng de quǎn róng zú rù qīn zhōu yōu wáng zài cì diǎn rán fēng huǒ shí méi yǒu yí gè zhū hóu qián lái jiù tā zuì hòu zhōu yōu wáng bèi shā yú lí shān bāo sì yě bèi quǎn róng lǔ zǒu xī zhōu miè wáng

不久，西方的犬戎族入侵，周幽王再次点燃烽火时，没有一个诸侯前来救他。最后，周幽王被杀于骊山，褒姒也被犬戎掳走，西周灭亡。

西周烽火台遗址

wéi dà rén wéi néng gé jūn xīn zhī fēi jūn rén mò bù rén
惟大人为能格君心之非。君仁，莫不仁；
jūn yì mò bú yì jūn zhèng mò bú zhèng yí zhèng jūn ér guó
君义，莫不义；君正，莫不正。一正君而国
dìng yǐ
定矣。

——《孟子·离娄上》

【释义】只有大仁大德之人才能纠正君主的错误思想。君主仁，没有人不仁；君主义，就没有人不义；君主正，就没有人不正。一旦君主端正了思想，国家就安定了。

强项令

清人绘汉光武帝刘秀画像

dōng hàn chū nián dǒng xuān rèn luò
东汉初年，董宣任洛
yáng lìng tā bǐng gōng zhí fǎ bú wèi
阳令，他秉公执法，不畏
qiáng quán yí cì hú yáng gōng zhǔ guāng
强权。一次，湖阳公主（光
wǔ dì de jiě jie de jiā pú shā rén hòu duǒ cáng zài hú yáng gōng zhǔ jiā
武帝的姐姐）的家仆杀人后，躲藏在湖阳公主家。
dǒng xuān zhēn chá dào zhè ge jiā pú péi tóng gōng zhǔ wài chū zài lù shang jiāng tā zhuā
董宣侦察到这个家仆陪同公主外出，在路上将他抓

明张居正、吕调阳所撰《帝鉴图说》插图《赏强项令》，描绘在朝廷上，董宣不畏强权，誓死不低头的场景

zhù jiù dì zhèng fǎ hú yáng
住，就地正法。湖阳
gōng zhǔ xiàng guāng wǔ dì kū sù
公主向光武帝哭诉，
guāng wǔ dì zhào lái dǒng xuān yào
光武帝召来董宣，要
dǎ sǐ tā dǒng xuān shuō bì
打死他。董宣说：“陛
xià shèng míng dàn rú guǒ fàng zòng
下圣明，但如果放纵
jiā pú shā rén jiāng rú hé zhì lǐ
家仆杀人，将如何治理
guó jiā wǒ bú yòng děng zhe bèi dǎ
国家？我不用等着被打
sǐ jiù ràng wǒ zì shā ba
死，就让我自杀吧！”
shuō wán yì tóu zhuàng xiàng cháo zhù
说完一头撞向朝柱，
xuè liú mǎn miàn
血流满面。

guāng wǔ dì yào dǒng xuān xiàng
光武帝要董宣向
hú yáng gōng zhǔ kē tóu péi lǐ dǒng
湖阳公主磕头赔礼，董
xuān shuāng shǒu chēng dì zěn me
宣双手撑地，怎么
yě bù kěn dī tóu liú xiù bèi dǒng
也不肯低头。刘秀被董
xuān de xíng wéi gǎn dòng cì tā yǐ
宣的行为感动，赐他以
qiáng xiàng lìng de chēng hào
“强项令”的称号，
bìng pàn tā wú zuì
并判他无罪。

甘肃武威出土东汉铜奔马

jūn zhī shì chén rú shǒu zú zé chén shì jūn rú fù xīn jūn
君之视臣如手足，则臣视君如腹心；君
zhī shì chén rú quǎn mǎ zé chén shì jūn rú guó rén jūn zhī shì chén
之视臣如犬马，则臣视君如国人；君之视臣
rú tǔ jiè zé chén shì jūn rú kòuchóu
如土芥，则臣视君如寇仇。

——《孟子·离娄下》

【释义】君主看待臣下如同自己的手足，臣下看待君主就会如同自己的腹心；君主看待臣下如同犬马，臣下看待君主就会如同路人；君主看待臣下如同泥土草芥，臣下看待君主就会如同仇人。

侠客豫让

清末民初马骀绘《古今人物画谱》之《豫让漆身》（局部），讲述豫让行刺赵襄子未果，求以剑刺其衣的故事

yù ràng shì chūn qiū shí qī jìn guó
豫让是春秋时期晋国
rén zǎo xiān wèi fàn shì zhōng xíng shì zuò
人，早先为范氏、中行氏做
shì yīn méi yǒu shòu dào zhòng shì tóu kào
事，因没有受到重视，投靠
le zhì bó zhì bó hěn qì zhòng tā hòu
了智伯，智伯很器重他。后
lái zhào xiāng zǐ lián hé hán wèi liǎng jiā
来，赵襄子联合韩、魏两家

攻灭智伯，豫让逃到山中，他不忘智伯的知遇之恩，发誓一定要替他报仇。

豫让冒充罪犯，混进赵氏宫中修缮厕所，结果被赵襄子察觉抓住，问明缘由后，赵襄子觉得他是个仗义之人，把他放了。但豫让仍不死心，他身上涂满油漆，口吞木炭装哑巴，让别人认不出自己，然后再次行刺赵襄子，结果又被抓住。豫让请求刺赵襄子的衣服，以完成自己的心愿，然后横剑自杀。

山西曲沃晋国遗址出土的春秋铜钟

山东嘉祥梁武祠东壁画像《豫让纹身以报知己》，描绘豫让行刺赵襄子未果，请求以剑刺赵襄子衣服，然后自杀的场景

孟子曰："大人者，不失其赤子之心者也。"

——《孟子·离娄下》

【释义】 孟子说："有大仁大德的人，是能保持那种婴儿天真纯朴之心的人。"

东方朔割肉

东方朔是西汉文学家，生性诙谐幽默，深得汉武帝宠幸。一个夏天，汉武帝赏赐给宫中的从官肉吃，可宣诏的官员却迟迟未到。东方朔等得不耐烦了，拔出宝剑切下一块肉，说："我已接受皇帝

清殿藏本东方朔画像

清任熊绘《东方朔割肉》

shǎng cì de ròu kě yǐ xiān
赏赐的肉，可以先
huí jiā le
回家了。”

dì èr tiān hàn wǔ
第二天，汉武
dì zhào jiàn dōng fāng shuò wèn
帝召见东方朔，问
tā zuó tiān cì ròu
他：“昨天赐肉，
bù děng xuān zhào jiù dài ròu huí
不等宣诏就带肉回
jiā shì wèi shén me ya
家，是为什么呀？”
dōng fāng shuò lián máng tuō mào xiè
东方朔连忙脱帽谢
zuì shuō bù děng xuān zhào
罪说：“不等宣诏
jiù gē ròu zhēn shì wú lǐ
就割肉，真是无礼！
zài xuān zhào zhī qián qiē ròu huí jiā shì
在宣诏之前切肉回家，是
duō me yǒng gǎn sī zì qiē ròu què qiē
多么勇敢！私自切肉却切
de bù duō shì duō me lián jié qiē
得不多，是多么廉洁！切
ròu huí jiā xiān xiàn gěi fù mǔ shì duō
肉回家先献给父母，是多
me xiào shùn hàn wǔ dì tīng hòu
么孝顺！”汉武帝听后，
bèi dòu de xiào le qǐ lái shǎng cì tā
被逗得笑了起来，赏赐他
jiǔ ròu qù xiào jìng fù mǔ
酒肉去孝敬父母。

明刻本《三才图会》中的汉武帝画像

yǐ shàn fú rén zhě wèi yǒu néng fú rén zhě yě yǐ shàn yǎng
以善服人者，未有能服人者也；以善养
rén rán hòu néng fú tiān xià
人，然后能服天下。

——《孟子·离娄下》

【释义】依靠善来使人屈服，是不能使人心服的；倚靠善去教育感化人，才能使天下的人归服。

张侯守泗上

清人绘宋仁宗画像

běi sòng rén zōng jǐng yòu nián jiān zhāng hóu
北宋仁宗景祐年间，张侯
rèn sì zhōu jīn jiāng sū sù qiān zhǎng guān
任泗州（今江苏宿迁）长官。
dāng shí huái hé bào nüè chéng zāi chéng wéi bǎi
当时，淮河暴虐成灾，成为百
xìng de xīn tóu dà huàn zhāng hóu yí shàng rèn
姓的心头大患。张侯一上任，
jiù jué dìng xiū dī fáng hóng yóu yú sì zhōu shòu
就决定修堤防洪。由于泗州受
zāi bǎi xìng wú lì chéng dān xiū dī fèi yong
灾，百姓无力承担修堤费用，
zhāng hóu biàn yòng cháo tíng chū zī fǔ yá zì chóu hé zhōu bīng chū lì de bàn fǎ
张侯便用朝廷出资、府衙自筹和州兵出力的办法，
jiě jué le jīng fèi hé láo lì wèn tí bǎi xìng tīng dào zhè ge xiāo xi zì fā juān
解决了经费和劳力问题。百姓听到这个消息，自发捐

北宋白釉五足香炉

qián juān wù　xié zhù guān fǔ xiū dī　zài xùn qī
钱捐物，协助官府修堤，在汛期
dào lái qiánshùn lì wángōng
到来前顺利完工。

dà dī xiū hǎo hòu　zhāng hóu yòu hào zhào bǎi xìng
大堤修好后，张侯又号召百姓
jiàn shè zhōu chéng　hěn kuài shǐ pò jiù de zhōu chéng huàn
建设州城，很快使破旧的州城焕
rán yì xīn　cǐ hòu　zhāng hóu yǐn dǎo bǎi xìng xiū shàn
然一新。此后，张侯引导百姓修缮
hé biān de jiù cāng kù　yǐ lì yú cáo yùn wǎng lái
河边的旧仓库，以利于漕运往来，
zuì hòu cái wèi zì jǐ xiū le zhù sù de dì fang　dà
最后才为自己修了住宿的地方，大
jiā dōu kuā tā shì gè dǒng zhì lǐ de rén
家都夸他是个懂治理的人。

清张鹏翮著《治河全书》之《淮河全图》泗州段山河形势图

tāng zhí zhōng lì xián wú fāng
汤执中，立贤无方。

——《孟子·离娄下》

【释义】汤坚持中正之道，选拔贤人不拘泥于常规。

台北故宫博物院藏商汤画像

汤用伊尹

伊尹是商朝大臣，三朝元老，在商朝开国史上占有重要地位。伊尹原本是有莘国的厨师，但很有才智，汤听说后几次派使者前往聘请，伊尹都没有答应。后来，大臣仲虺献计，让汤娶有莘国君的女儿为妃，条件是要伊尹作为陪嫁的奴隶，就这样伊尹来到商。

清人绘伊尹画像

汤闻讯后，亲自前去拜访伊尹，通过交谈，发现伊尹深谙治国之道，于是把他请入宫中，免除他的奴隶身份，提拔他担任尹官（相当于后来的宰相）。在伊尹的辅佐下，汤的实力不断壮大，先后灭掉夏朝的羽翼韦、顾、昆吾等国，并最终在鸣条打败夏桀，建立商朝。汤去世后，伊尹先后辅佐外丙、仲壬、太甲三王，为稳定商初政局发挥了重要作用。后世儒家对伊尹倍加推崇，称赞他为“圣之任者”。

清末《钦定书经图说·多士》一章中的《成汤革夏图》，描绘成汤出兵攻伐夏桀的场景

kě yǐ qǔ kě yǐ wú qǔ qǔ shāng lián kě yǐ yǔ
可以取，可以无取，取伤廉；可以与，
kě yǐ wú yǔ yǔ shāng huì kě yǐ sǐ kě yǐ wú sǐ sǐ
可以无与，与伤惠；可以死，可以无死，死
shāng yǒng
伤勇。

——《孟子·离娄下》

【释义】可以拿，可以不拿，拿了对廉洁有伤害；可以施与，可以不施与，施与了对恩惠有伤害；可以死，可以不死，死了对勇敢有伤害。

子罕辞玉

春秋早期玉鱼形佩

chūn qiū shí qī
春秋时期，
sòng guó yǒu gè jiào zǐ hǎn
宋国有个叫子罕
de guān yuán tā pǐn dé
的官员，他品德
gāo shàng wéi zhèng qīng
高尚，为政清
lián cóng bù jiē shòu bié rén de lǐ wù zài bǎi xìng zhōng hěn yǒu wēi wàng
廉，从不接受别人的礼物，在百姓中很有威望。
yí cì yí gè sòng guó rén huái cáng bǎo yù xìng chōng chōng de zhǎo dào zǐ
一次，一个宋国人怀藏宝玉，兴冲冲地找到子罕说："我久闻大人是勤政爱民的好官，特地将宝玉献给您，以表达我的敬慕之心，希望您能收下。"子罕接过宝玉看了看，说："你还是拿走吧，我不能收。"献

春秋蟠螭纹豆

宝人以为子罕不识货，子罕笑着说："我以不贪为宝，你以玉为宝，假如你将玉给了我，我们两人岂不都失去了宝。"献宝人听后十分感动。子罕以不贪为宝，其高尚的品德，成为后人学习的榜样。

南宋马远绘《岁寒三友图》，岁寒三友，指松、竹、梅三种植物。因这三种植物在寒冬时节仍可保持顽强的生命力而得名，是中国传统文化中高尚人格的象征

jūn zǐ suǒ yǐ yì yú rén zhě yǐ qí cún xīn yě jūn zǐ yǐ
君子所以异于人者，以其存心也。君子以
rén cún xīn yǐ lǐ cún xīn rén zhě ài rén yǒu lǐ zhě jìng rén
仁存心，以礼存心。仁者爱人，有礼者敬人。
ài rén zhě rén héng ài zhī jìng rén zhě rén héng jìng zhī
爱人者，人恒爱之；敬人者，人恒敬之。

——《孟子·离娄下》

台北故宫博物院藏唐太宗画像

【释义】君子之所以不同于一般人，是因为他们所怀的心思不同。君子把仁保存在心里，把礼保存在心里。仁者爱别人，有礼者尊敬别人。爱别人的人，别人也会永远爱他；尊敬别人的人，别人也会永远尊敬他。

义释敌将

táng cháo chū nián tiě lè zú shǒu lǐng qì
唐朝初年，铁勒族首领契
bì hé lì shuài bù guī fù táng cháo zhēn guàn nián
苾何力率部归附唐朝。贞观年
jiān táng tài zōng qīn zhēng gāo lí xíng jūn zhì
间，唐太宗亲征高丽，行军至
bái yá chéng shí gāo lí yuán bīng gǎn lái xíng
白崖城时，高丽援兵赶来，形

唐三彩盖罐

shì wēi jí qì bì hé lì fèng mìng zǔ jī gāo lí yuán
势危急。契苾何力奉命阻击高丽援
jūn dàn bèi gāo lí jūn bāo wéi yù xuè pīn shā zhōng
军，但被高丽军包围，浴血拼杀中
bèi cháng máo cì shāng qì bì hé lì bú gù shāng tòng
被长矛刺伤。契苾何力不顾伤痛，
jiǎn dān bāo zā hòu zài cì shàng zhèn zuì zhōng dà bài gāo
简单包扎后再次上阵，最终大败高
lí jūn duì
丽军队。

táng jūn gōng xià bái yá chéng táng tài zōng mìng rén zhuā zhù cì shāng qì bì
唐军攻下白崖城，唐太宗命人抓住刺伤契苾
hé lì de gāo lí jiàng shì gāo tū bó jiāo gěi tā chǔ zhì qì bì hé lì què jiāng
何力的高丽将士高突勃，交给他处置。契苾何力却将
gāo tū bó shì fàng bìng shuō zhàn zhēng hé wǔ lì dōu shì pò bù dé yǐ de xià
高突勃释放，并说：“战争和武力都是迫不得已的下
cè méi rén yuàn yì liú xuè wǒ hé tā dōu gè wèi qí zhǔ nǎ lái de gè rén ēn
策，没人愿意流血。我和他都各为其主，哪来的个人恩
yuàn ne qì bì hé lì de rén hòu kāi míng dé dào zhòng rén de yí zhì zàn shǎng
怨呢？”契苾何力的仁厚开明得到众人的一致赞赏。

元赵雍根据高丽(朝鲜)国诞生神话为画题所绘《狩猎人物图》(局部)

颜子当乱世，居于陋巷，一箪食，一瓢饮，人不堪其忧，颜子不改其乐，孔子贤之。

——《孟子·离娄下》

【释义】颜回处于政治昏乱的时代，住在僻陋的巷子里，一小竹筐饭，一瓢水，别人都受不了那种艰苦的生活，颜回却独得其乐，孔子也称赞他贤良。

清人仿唐吴道子所绘《孔子行教像》

颜回安贫

孔子认为，在所有的学生中，颜回虽然家境贫寒，但德行最好，也最好学。他常以颜回做榜样，教育其他弟子。

有一次，孔子去鄁邑半个多月，回来时发现颜回面黄肌瘦，到他家里看过后，感慨

清人绘颜回画像

de duì xué shēng men shuō yán huí zhè
地对学生们说："颜回这
ge rén zhēn shì tài xián liáng le yì zhú
个人真是太贤良了！一竹
kuāng fàn yì piáo qīng shuǐ zhù zài
筐饭，一瓢清水，住在
jiǎn lòu de xiǎo xiàng zi li bié rén yōu
简陋的小巷子里，别人忧
chóu de shòu bù liǎo yán huí què ān xīn
愁得受不了，颜回却安心
xué xí yì zhí gǎn dào mǎn zú hé kuài
学习，一直感到满足和快
lè jiē zhe kǒng zǐ yòu shuō
乐。"接着，孔子又说：
jǐn guǎn dān shí piáo yǐn wèi hé yán huí xué yè bú duàn jìn bù yīn wèi tā shǐ
"尽管箪食瓢饮，为何颜回学业不断进步？因为他始
zhōng bǎ ān pín lè dào zuò wéi zì jǐ de jīng shén jì tuō a duì yán huí jǐ yǔ
终把安贫乐道作为自己的精神寄托啊！"对颜回给予
le hěn gāo píng jià
了很高评价。

明阙名撰《孔门儒教列传》之《颜回陋巷乐道》，描绘颜回居陋巷安贫乐学的场景

gù shuō shī zhě bù yǐ wén hài cí bù yǐ cí hài zhì yǐ
故说诗者，不以文害辞，不以辞害志。以
yì nì zhì shì wéi dé zhī
意逆志，是为得之。

——《孟子·万章上》

【释义】所以解说诗的人，不要因为字面的解释而误解词句的意思，不要因为词句的解释而误解全诗的意思。要用自己品读的感受去推测作者的本意，这样才能把握住诗意。

清人绘赵奢画像，赵奢是赵括的父亲，为战国时期著名军事家

纸上谈兵

zhàn guó shí qī zhào guó míng
战国时期，赵国名
jiàng zhào shē zhī zǐ zhào kuò zì yòu shú dú
将赵奢之子赵括自幼熟读
bīng shū tán lùn qǐ bīng fǎ kǒu ruò xuán
兵书，谈论起兵法口若悬
hé zì yǐ wéi tiān xià rén shéi yě bǐ bú
河，自以为天下人谁也比不
guò tā zhào shē liǎo jiě zhào kuò rèn
过他。赵奢了解赵括，认
wéi tā zhǐ huì zhǐ shàng tán bīng rú guǒ ràng tā zuò jiàng lǐng kěn dìng huì gěi zhào guó
为他只会纸上谈兵，如果让他做将领，肯定会给赵国
dài lái zāi nàn
带来灾难。

战国错金银虎噬鹿铜器座

后来，秦国攻打赵国，老将廉颇率兵抵抗，秦军无法取胜。于是秦军使用反间计，赵王中计，打算派赵括接替廉颇为将。赵括的母亲劝阻赵王说："赵括没有实战经验，不能担此重任。"可赵王不听，最终还是任命赵括为将军。

赵括自以为很懂打仗，不分析客观情况，一味照搬兵书，改变廉颇的正确战略，贸然出击，结果被秦军包围，粮草断绝，军心涣散。赵括无奈，率兵突围，不幸被秦军乱箭射死，四十万赵军几乎全军覆没。

西汉刘向撰《列女传》中的赵括母插图，描绘赵括母劝阻赵王任用赵括为将的场景

fēi qí yì yě　fēi qí dào yě　lù zhī yǐ tiān xià　fú gù
非其义也，非其道也，禄之以天下，弗顾
yě　xì mǎ qiān sì　fú shì yě　fēi qí yì yě　fēi qí dào
也；系马千驷，弗视也。非其义也，非其道
yě　yí jiè bù yǐ yǔ rén　yí jiè bù yǐ qǔ zhū rén
也，一介不以与人，一介不以取诸人。

——《孟子·万章上》

【释义】如果不符合义，不符合道，即使把整个天下的财富给他作俸禄，他都不会回头看一下；即使有四千匹马拴在那里，他也不会看一下。如果不符合义，不符合道，一点儿东西也不拿去送别人，一点儿东西也不拿别人的。

不义之财

zhàn guó shí qī　tián jì zǐ zài qí xuān wáng cháo
战国时期，田稷子在齐宣王朝
rèn xiàng guó　yí cì　tā jiē shòu yì bǎi liǎng huáng jīn
任相国。一次，他接受一百两黄金
de huì lù　zhǔn bèi sòng gěi mǔ qīn　tián mǔ dé zhī
的贿赂，准备送给母亲。田母得知
zhè bǐ qián de lái lì hòu　shí fēn shēng qì　hěn hěn
这笔钱的来历后，十分生气，狠狠
de xùn chì le tián jì zǐ yí dùn　bìng xún xún shàn yòu de
地训斥了田稷子一顿，并循循善诱地

战国齐三字刀

清王照圆撰《列女传补注》卷一之《齐田稷母》插图，描绘田母教导儿子的场景

shuō mǔ qīn yào de bú shì qián
说：“母亲要的不是钱
cái ér shì xī wàng nǐ wéi guān qīng
财，而是希望你为官清
zhèng lián jié zuò rén pǐn xíng duān
正廉洁，做人品行端
zhèng jīn hòu jì zhù wǒ de huà
正。今后记住我的话：
bú yì zhī cái bú shì wǒ gāi dé
‘不义之财不是我该得
de bú xiào zhī zǐ bú shì wǒ de
的，不孝之子不是我的
ér zi
儿子。’”

tián jì zǐ shí fēn cán kuì
田稷子十分惭愧，
bǎ huáng jīn tuì huán yuán zhǔ rán hòu
把黄金退还原主，然后
xiàng qí xuān wáng shuō míng qíng kuàng yāo
向齐宣王说明情况，要
qiú zhì zì jǐ de zuì qí xuān wáng dé
求治自己的罪。齐宣王得
zhī shì qing de jīng guò hòu bèi tián mǔ
知事情的经过后，被田母
de shēn míng dà yì suǒ gǎn dòng bù jǐn
的深明大义所感动，不仅
shè miǎn le tián jì zǐ de zuì guò hái
赦免了田稷子的罪过，还
cì gěi tián mǔ huáng jīn zuò wéi jiǎng shǎng
赐给田母黄金作为奖赏。

明吕坤撰《闺范》卷四《齐田稷母》插图，描绘齐王赏赐田母的场景

bó yí mù bú shì è sè ěr bù tīng è shēng fēi qí
伯夷，目不视恶色，耳不听恶声。非其
jūn bú shì fēi qí mín bù shǐ zhì zé jìn luàn zé tuì
君，不事；非其民，不使；治则进，乱则退。
hèngzhèng zhī suǒ chū hèngmín zhī suǒ zhǐ bù rěn jū yě
横政之所出，横民之所止，不忍居也。

——《孟子·万章下》

【释义】伯夷，眼睛不看丑陋的事物，耳朵不听邪恶的声音。不是他理想的君主，不去侍奉；不是他满意的百姓，不去使唤；天下太平就入朝做官，天下混乱就辞官归隐。施行暴政的国家，居住暴民的地方，他都不愿意去居住。

清末《历代名臣像解》中的伯夷画像

不食周粟

shāng cháo mò nián zhōu wén wáng jī
商朝末年，周文王姬
chāng qù shì zhōu wǔ wáng jì wèi hòu zhǔn
昌去世，周武王继位后，准
bèi qǐ bīng tǎo fá cán bào de shāng zhòu gū
备起兵讨伐残暴的商纣。孤
zhú guó guó jūn de liǎng gè ér zi bó yí shū
竹国国君的两个儿子伯夷、叔
qí wén xùn gǎn dào dà jūn miàn qián lán zhù
齐闻讯赶到大军面前，拦住

清末《历代名臣像解》中的叔齐画像

wǔ wáng de mǎ zhì wèn dào fù qīn sǐ
武王的马，质问道：“父亲死
le bù shǒu sāng què fā dòng zhàn zhēng zhè néng
了不守丧，却发动战争，这能
chēng zuò xiào ma shēn wéi chén zǐ què yào shì shā
称作孝吗？身为臣子却要弑杀
jūn zhǔ zhè néng chēng zuò zhōng ma jié
君主，这能称作忠吗？”竭
lì quàn shuō wǔ wáng bú yào fá zhòu wǔ wáng
力劝说武王不要伐纣。武王
méi yǒu cǎi nà tā men de yì jiàn jiān chí fā
没有采纳他们的意见，坚持发
bīng fá zhòu miè wáng shāng cháo
兵伐纣，灭亡商朝。

bó yí shū qí rèn wéi zuò zhōu cháo de chén mín kě chǐ yú shì táo rù shǒu
伯夷、叔齐认为做周朝的臣民可耻，于是逃入首
yáng shān jīn hé nán yǎn shī xī běi yǐn jū kào cǎi yě cài dù rì bù kěn
阳山（今河南偃师西北）隐居，靠采野菜度日，不肯
chī zhōu cháo tǔ dì shang shēng zhǎng de liáng shi yǐ cǐ biǎo shì bù gǎi biàn zì jǐ
吃周朝土地上生长的粮食，以此表示不改变自己
de jié cāo zuì zhōng liǎng rén è sǐ zài shǒu yáng shān
的节操。最终，两人饿死在首阳山。

南宋李唐绘《采薇图》，描绘商末伯夷、叔齐不食周粟，在首阳山采薇而食，最终饿死的故事

liǔ xià huì bù xiū wū jūn　bù cí xiǎoguān　jìn bù yǐn xián
柳下惠不羞污君，不辞小官。进不隐贤，
bì yǐ qí dào　yí yì ér bú yuàn　è qióng ér bù mǐn　yǔ xiāng
必以其道。遗佚而不怨，厄穷而不悯。与乡
rén chǔ　yóuyóu rán bù rěn qù yě
人处，由由然不忍去也。

——《孟子·万章下》

【释义】柳下惠不以侍奉昏君为羞耻，也不因为官小而推辞。做官不隐藏才能，一定按自己的原则办事。被君主遗弃而不怨恨，处境困窘而不忧愁。与乡里人相处，高高兴兴而不忍离去。

正直的柳下惠

春秋铜盖鼎

liǔ xià huì shì chūn qiū shí qī lǔ guó
柳下惠是春秋时期鲁国
dà fū　yǐ zhèng zhí zhù chēng　dāng shí
大夫，以正直著称。当时，
qí lǔ liǎng guó duō cì jiāo zhàn　lǔ guó bù dí　xiàng qí guó qiú hé　qí guó dā
齐鲁两国多次交战，鲁国不敌，向齐国求和，齐国答
ying qiú hé　dàn yào lǔ guó xiàn shàng zhèn guó zhī bǎo cén dǐng　lǔ guó guó jūn shě bu
应求和，但要鲁国献上镇国之宝岑鼎。鲁国国君舍不
de guó bǎo　yòu pà dé zuì qí guó　yú shì zhù zào le yì zūn jiǎ dǐng xiàn gěi qí
得国宝，又怕得罪齐国，于是铸造了一尊假鼎献给齐

清末《历代名臣像解》中的柳下惠画像

国。齐国人没见过岑鼎，不敢贸然接受。这时，有人建议请鲁国贤臣柳下惠来做评判，以他说的结果为准。

鲁国国君找来柳下惠，告诉他铸造假鼎的实情。柳下惠得知真相，认为国家之间应该讲信用，自己不能为鲁国说假话。鲁国国君无奈，只得把真鼎献给齐国。鉴于柳下惠的正直，齐国没有追究鲁国作假的责任。

清顾沅辑《古圣贤像传略》中的柳下惠画像

zhì pì zé qiǎo yě shèng pì zé lì yě yóu shè yú bǎi
智，譬则巧也；圣，譬则力也。由射于百
bù zhī wài yě qí zhì ěr lì yě qí zhòng fēi ěr lì yě
步之外也，其至，尔力也；其中，非尔力也。

——《孟子·万章下》

【释义】 智慧，好比是技巧；圣德，好比是力气。就像在百步之外射箭，射到那个地方，是靠你的力气；射中目标，就是靠技巧而不是靠你的力气了。

清顾沅辑《古圣贤像传略》中的晏婴画像

晏子使楚

chūn qiū shí qī yàn zǐ yǒu yí
春秋时期，晏子有一
cì fèng mìng chū shǐ chǔ guó chǔ wáng jué
次奉命出使楚国。楚王觉
de yàn zǐ gè zi ǎi xiǎng qǔ xiào tā
得晏子个子矮，想取笑他
yì fān yàn zǐ dào dá chǔ guó guó dū
一番。晏子到达楚国国都
yǐng chéng shí shǒu mén rén yào lǐng tā cóng yí gè xīn kāi de xiǎo mén jìn chéng yàn
郢城时，守门人要领他从一个新开的小门进城。晏
zǐ míng bai chǔ wáng xiǎng wǔ rǔ tā biàn shuō zhè shì gǒu dòng chū shǐ gǒu
子明白楚王想侮辱他，便说："这是狗洞，出使狗

明吕坤撰《闺范》卷三《齐相御妻》插画，讲述车夫傲慢自大，而晏子却为人谦逊的故事

国的人才从这里进去。”守门人赶紧打开大门，请晏子进城。

晏子进宫后，楚王说：“齐国没人了吗？怎么派你这么一个矮人来出使？”晏子答道：“我们齐国派使者出访有个规矩：访问上等国，派上等人去；访问下等国，派下等人去。我最没出息，所以就被派到楚国来了。”楚王觉得晏子机智过人，于是对他格外尊敬起来。

春秋楚王子午鼎

bù xié zhǎng bù xié guì bù xié xiōng dì ér yǒu yǒu yě
不挟长，不挟贵，不挟兄弟而友。友也
zhě yǒu qí dé yě bù kě yǐ yǒu xié yě
者，友其德也，不可以有挟也。

——《孟子·万章下》

【释义】不依仗年龄大，不依仗地位高，不依仗兄弟的富贵交朋友。所谓交友，是同他的品德交朋友，是不可以有所依仗的。

竹林会友

清末《历代名臣像解》中的嵇康画像

jī kāng shì sān guó wèi wén xué jiā
嵇康是三国魏文学家、
sī xiǎng jiā yīn yuè jiā zuò rén jiǎng qiú
思想家、音乐家，做人讲求
qì jié jiāo yǒu gèng shì tiāo ti bù xué wú
气节，交友更是挑剔，不学无
shù méi yǒu qì jié de rén cóng bù yǔ tā men
术、没有气节的人，从不与他们
jiāo wǎng jī kāng xǐ huan zhú zi jīng cháng zài
交往。嵇康喜欢竹子，经常在
zhú lín zhōng dú shū xiě shī tán qín chuī dí
竹林中读书写诗，弹琴吹笛，
bú zhòng yì de rén cóng bù yǔ tā men xiāng jiàn
不中意的人从不与他们相见。

明王世贞辑《列仙全传》中的嵇康画像

yì tiān jī kāng zhèng zài zhú lín
一天，嵇康正在竹林
zhōng xiě wénzhāng hū tīng yǒu rén zǒu jìn zhú
中写文章，忽听有人走进竹
lín biàn duǒ le qǐ lái lái rén míng jiào
林，便躲了起来。来人名叫
ruǎn jí jiàn jī kāng duǒ qǐ lái jiù chuī
阮籍，见嵇康躲起来，就吹
qǐ dí zi xún zhe dí shēng shān tāo
起笛子，循着笛声，山涛、
xiàng xiù ruǎnxián wángróng liú líng děng
向秀、阮咸、王戎、刘伶等
rén huì jù guò lái lì shǐ shang chēng tā
人汇聚过来（历史上称他
men wéi zhú lín qī xián tā men
们为“竹林七贤”）。他们
fēn fēn xiě xià shī jù biǎo dá zì jǐ de
纷纷写下诗句，表达自己的
zhì xiàng jī kāng jiàn tā men yǔ zì jǐ zhì qù xiāng tóu gāo xìng de hé tā men jié
志向。嵇康见他们与自己志趣相投，高兴地和他们结
wéi péng you cóng cǐ wú huà bù tán jié xià shēn hòu de yǒu yì
为朋友，从此无话不谈，结下深厚的友谊。

明仇英绘《竹林七贤图》，描绘嵇康、阮籍、山涛、向秀、刘伶、王戎及阮咸七人常聚在当时的山阳县（今河南辉县、修武一带）竹林之下，谈古论今，肆意酣畅的场景

为其多闻也，则天子不召师，而况诸侯乎？为其贤也，则吾未闻欲见贤而召之也。

——《孟子·万章下》

【释义】 如果是因为他见闻广博，（那就应当以他为师。）天子都不能召唤老师，更何况诸侯呢？如果是因为他品德高洁，那么我也不曾听说过想要同贤人见面却随便召唤的。

文侯尊贤

魏文侯是战国时期魏国的建立者，在位时不拘一格招揽人才，战国时期招贤纳士之风可以说就是从他开始的。魏文侯尊重贤能之士，曾拜子夏（孔

明焦竑著《养正图解》中的插图《式闾礼士》，描绘魏文侯尊敬贤人段干木的场景

明焦竑著《养正图解》中的插图《政术谕下》，描绘魏文侯告诫大臣西门豹注重视察民情的场景

子的学生）、田子方为师，经常虚心听取他们的建议。段干木是子夏的学生，学识渊博，魏文侯十分敬重他，每次经过段干木的住所，都要停下车来，扶着车前的横木，恭敬地注视他的住所。

正是由于魏文侯虚怀纳贤，天下的贤士竞相投奔。他在位期间，任用李悝为相，吴起为将，西门豹为邺令，魏国夺取秦国河西之地，越过赵国攻灭中山，成为当时的强国。

明人绘吴起画像

yù jiànxián rén ér bù yǐ qí dào yóu yù qí rù ér bì zhī mén
欲见贤人而不以其道，犹欲其入而闭之门
yě fú yì lù yě lǐ mén yě wéi jūn zǐ néng yóu shì
也。夫义，路也；礼，门也。惟君子能由是
lù chū rù shì mén yě
路，出入是门也。

——《孟子·万章下》

春秋时期齐国所铸齐返邦长法化刀币

【释义】 想见贤人而不按合适的方式，就像要请人家进来却关上大门。义好比是大路，礼好比是大门。只有君子能沿着这条路走，能从这扇门进出。

晏子改过

chūn qiū shí qī yàn zǐ zài chū shǐ jìn guó
春秋时期，晏子在出使晋国
tú zhōng yù dào mài shēn dǐ zhài de xián shì yuè shí
途中，遇到卖身抵债的贤士越石
fù yàn zǐ wèi tā shú shēn hòu bǎ tā dài huí
父。晏子为他赎身后，把他带回
qí guó dào le yàn zǐ fǔ shàng yàn zǐ xià chē
齐国。到了晏子府上，晏子下车

河南唐河县南关出土汉代画像砖《晏子见齐景公》，描绘晏子劝谏醉酒齐景公的场景

后没和越石父打招呼，就径直进屋去了。越石父很不高兴，没想到晏子对自己如此冷漠。第二天，越石父托人转告晏子，说要离开齐国。

晏子听后很奇怪，觉得自己让越石父成为自由人，并安排他吃住，没有对不起他的地方。越石父说：“我把你视为知己，所以才跟你来到齐国，没成想你却如此冷漠，我还不如继续做服苦役的奴隶呢！”晏子知道自己怠慢了越石父，连忙向他道歉，两人重归于好。

山东嘉祥县宋山村出土汉画石《二桃杀三士》，讲述晏子运用权术，用两只桃子杀死三个勇士的故事

tiān xià zhī shàn shì sī yǒu tiān xià zhī shàn shì yǐ yǒu tiān
天下之善士，斯友天下之善士。以友天
xià zhī shàn shì wéi wèi zú yòu shàng lùn gǔ zhī rén
下之善士为未足，又尚论古之人。

——《孟子·万章下》

【释义】 天下品德高尚的人，就与天下品德高尚的人交朋友。如果结交天下品德高尚的人还不满足，就要进而与古代品德高尚的人交朋友，学习他们的高贵品质。

高山流水

yú bó yá shì chūn qiū shí qī de qín
俞伯牙是春秋时期的琴
shī xiāng chuán yǒu yí cì zài chuán shang tán
师，相传有一次在船上弹
qín duì miàn zǒu guò lái yí gè qiáo fū
琴，对面走过来一个樵夫。
yú bó yá gāng tán wán yì shǒu biǎo xiàn gāo
俞伯牙刚弹完一首表现高
shān wēi é de qǔ zi qiáo fū jiù zàn tàn
山巍峨的曲子，樵夫就赞叹
dào tán de tài hǎo le xiàng tài shān
道："弹得太好了！像泰山
yí yàng wēi é xióng wěi yú bó yá hěn
一样巍峨雄伟。"俞伯牙很

清末民初马骀绘《古今人物画谱》之《伯牙抚琴》图，描绘俞伯牙在舟中弹琴，钟子期在岸上倾听的场景

元王振鹏绘《伯牙鼓琴图卷》，略去山水背景，描绘钟子期专心听俞伯牙弹琴的场景

chī jīng yí gè qiáo fū jìng rán néng wén qín zhī yīn yú shì yòu tán zòu le yì shǒu
吃惊：一个樵夫竟然能闻琴知音？于是又弹奏了一首
biǎo xiàn liú shuǐ wú jìn de qǔ zi gāng tán wán qiáo fū yòu zàn dào tán de
表现流水无尽的曲子。刚弹完，樵夫又赞道：“弹得
tài miào le xiàng cháng jiāng huáng hé yí yàng hào hào dàng dàng
太妙了！像长江、黄河一样浩浩荡荡。”

yú bó yá zhī dào zì jǐ yù dào le zhī yīn máng bǎ qiáo fū qǐng dào chuán
俞伯牙知道自己遇到了知音，忙把樵夫请到船
shang tán lùn qín yì zhè ge qiáo fū jiù shì zhōng zǐ qī hòu lái zhōng zǐ qī
上，谈论琴艺。这个樵夫就是钟子期。后来，钟子期
bìng gù yú bó yá chě duàn qín xián fā shì bú zài tán qín yīn wèi tā jué de
病故。俞伯牙扯断琴弦，发誓不再弹琴，因为他觉得
méi yǒu rén huì xiàng zhōng zǐ qī nà yàng lǐ jiě zì jǐ de yīn yuè le
没有人会像钟子期那样理解自己的音乐了。

清末年画《马鞍山俞伯牙抚琴》，描绘中秋之夜，俞伯牙抚琴，钟子期在山上倾听的场景

rén xìng zhī shàn yě　yóu shuǐ zhī jiù xià yě　rén wú yǒu bú
人性之善也，犹水之就下也。人无有不
shàn　shuǐ wú yǒu bú xià
善，水无有不下。

——《孟子·告子上》

【释义】人性的善良，就好像往低处流一样。人没有不善良的，水没有不向低处流的。

秦西巴释鹿

chūn qiū shí qī　lǔ guó dà fū mèng
春秋时期，鲁国大夫孟
sūn dǎ liè shí zhuō dào yì zhī xiǎo mí lù　ràng
孙打猎时捉到一只小麋鹿，让
shǒu xià qín xī bā bǎ tā dài huí qù　qín xī
手下秦西巴把它带回去。秦西
bā zài huí qù de lù shang　fā xiàn xiǎo mí lù
巴在回去的路上，发现小麋鹿
de mǔ qīn yì zhí gēn zài hòu miàn　bìng bù shí
的母亲一直跟在后面，并不时
fā chū zhèn zhèn āi míng shēng　qín xī bā gǎn
发出阵阵哀鸣声。秦西巴感

清朱耷绘《三鹿图》

清沈铨绘《松鹿图》（局部）

dào yú xīn bù rěn jiù
到于心不忍，就
bǎ xiǎo lù fàng le mèng
把小鹿放了。孟
sūn huí jiā hòu dé zhī
孙回家后，得知
qín xī bā jiāng xiǎo lù fàng
秦西巴将小鹿放
le bó rán dà nù
了，勃然大怒，
bǎ tā gǎn zǒu le
把他赶走了。
dàn sān gè yuè
但三个月
hòu mèng sūn yòu bǎ qín
后，孟孙又把秦
xī bā zhào huí wěi yǐ zhòng
西巴召回委以重
rèn ràng tā dān rèn ér
任，让他担任儿
zi de lǎo shī yǒu rén wèn tā wèi shén me zhè yàng zuò mèng sūn shuō qín xī
子的老师。有人问他为什么这样做，孟孙说：“秦西
bā jì rán bù rěn xīn xiǎo lù zāo nàn yòu zěn huì bù hǎo hǎo jiāo wǒ ér zi dú shū
巴既然不忍心小鹿遭难，又怎会不好好教我儿子读书
ne qín xī bā yīn fàng lù de guò shī
呢？”秦西巴因放鹿的过失
fǎn ér dé dào mèng sūn de xìn rèn zhèng shì
反而得到孟孙的信任，正是
yīn wèi tā yǒu rén dé zhī xīn a
因为他有仁德之心啊！

战国鹿纹瓦当

富岁，子弟多赖；凶岁，子弟多暴，非天之降才尔殊也，其所以陷溺其心者然也。

——《孟子·告子上》

【释义】丰收年成，少年子弟大多懒惰；灾荒年成，少年子弟大多凶暴，不是天生的资质有这种不同，是外部环境使他们的性情变坏的。

孟母三迁

明吕维祺编《圣贤像赞》中的孟子画像

孟轲是战国时期的思想家，相传很小的时候父亲就去世了，家里十分贫穷，但母亲并没有因此而放弃对他的教育。

她们最初住在坟地旁边，见多了出殡的，孟轲就模仿着做丧事。孟母担心这样下去会影响

清代天津杨柳青年画《孟母择邻》（局部）

孟轲的学习，就把家搬到集市上，与一家屠夫为邻，而孟轲又模仿起杀猪宰羊来。孟母认为在这里居住也不利于孟轲学习，因此又把家搬到一座学堂附近。从此，孟轲就跟着学堂中的先生专心读书，研习礼仪，学业不断长进。孟母认为这里的环境对儿子的成长有利，便长期定居下来。

天津杨柳青年画《孟母择邻》

shēng yì wǒ suǒ yù yě yì yì wǒ suǒ yù yě èr zhě
生，亦我所欲也；义，亦我所欲也；二者
bù kě dé jiān shěshēng ér qǔ yì zhě yě
不可得兼，舍生而取义者也。

——《孟子·告子上》

【释义】生命，是我想要的；道义，也是我想要的；两者不能同时得到，就放弃生命而要道义。

苏武牧羊

xī hàn shí sū wǔ fèng hàn wǔ dì
西汉时，苏武奉汉武帝
zhī mìng chū shǐ xiōng nú xiōng nú chán yú
之命出使匈奴。匈奴单于
jiè kǒu hàn cháo fù shǐ zhāng shèng cān yù xiōng
借口汉朝副使张胜参与匈
nú nèi luàn bǎ sū wǔ kòu liú bìng wēi
奴内乱，把苏武扣留，并威
xié lì yòu tā tóu xiáng sū wǔ dà yì
胁、利诱他投降。苏武大义
lǐn rán yǐ sǐ xiāng pīn chán yú jiàn sū
凛然，以死相拼。单于见苏
wǔ jiān zhēn bù qū xiān shì bǎ tā guān
武坚贞不屈，先是把他关

清任伯年绘《苏武牧羊图》

明人绘苏武画像

rù dì jiào bù gěi yǐn shí zhī hòu
入地窖不给饮食，之后
yòu bǎ tā liú fàng dào běi hǎi jīn
又把他流放到北海（今
é luó sī bèi jiā ěr hú qù fàng
俄罗斯贝加尔湖）去放
yáng bìng yáng yán děng dào gōng yáng
羊，并扬言等到公羊
chǎn nǎi le cái fàng tā huí lái
产奶了，才放他回来。
wèi le bù rǔ shǐ mìng sū wǔ lì
为了不辱使命，苏武历
jìn jiān xīn yǐn bīng xuě shí cǎo
尽艰辛，饮冰雪，食草
shí shǒu chí hàn jié yí zài jù
实，手持汉节，一再拒
jué xiōng nú de yòu xiáng zài běi hǎi dù guò le shí jiǔ gè chūn qiū
绝匈奴的诱降，在北海度过了十九个春秋。

hàn zhāo dì shí hàn shǐ fèng mìng bǎ sū wǔ jiē huí zǔ guó sū wǔ zhuàng
汉昭帝时，汉使奉命把苏武接回祖国。苏武壮
nián chū shǐ fǎn huí hàn
年出使，返回汉
cháo shí yǐ bìn fà bān
朝时已鬓发斑
bái tā zhōng yú zhí
白。他忠于职
shǒu wēi wǔ bù qū de
守、威武不屈的
gāo shàng qíng cāo yì zhí
高尚情操，一直
wéi lì dài suǒ chuán sòng
为历代所传颂。

清黄慎绘《苏武牧羊图》

rén yǒu jī quǎn fàng, zé zhī qiú zhī; yǒu fàng xīn ér bù zhī
人有鸡犬放，则知求之；有放心而不知
qiú. xué wèn zhī dào wú tā, qiú qí fàng xīn ér yǐ yǐ.
求。学问之道无他，求其放心而已矣。

——《孟子·告子上》

【释义】有人走失了鸡狗，还知道去寻找；有人丧失了仁义的天性，却不知道去寻找。学问之道没有别的，就是把丧失的仁义天性找回来罢了。

周处自新

zhōu chǔ shì xī jìn shí qī rén,
周处是西晋时期人，
nián qīng shí píng jiè zì jǐ yǒu lì qi, huì
年轻时凭借自己有力气，会
wǔ yì, chēng bà yì fāng. hòu lái, yǒu
武艺，称霸一方。后来，有
rén gào su tā, běn dì yǒu "sān hài"
人告诉他，本地有“三害”
(dāng dì hé li de jiāo lóng、nán shān de
（当地河里的蛟龙、南山的
měng hǔ zài jiā shàng zhōu chǔ, bèi chēng
猛虎再加上周处，被称
wéi "sān hài"), zhōu chǔ wèi le
为“三害”），周处为了

清末民初马骀绘《古今人物画谱》之《长桥搏蛟》，讲述周处在长桥搏杀蛟龙的故事

西晋周处家族墓地出土的青瓷神兽尊

biǎo xiàn zì jǐ de xiá yì shàng shān dǎ sǐ měng
表现自己的侠义，上山打死猛
hǔ yòu dào hé zhōng yǔ jiāo lóng jìn xíng shū sǐ
虎，又到河中与蛟龙进行殊死
bó dòu zuì hòu jiāo lóng bèi shā sǐ zhōu chǔ yě
搏斗。最后蛟龙被杀死，周处也
fù le shāng rén men hái yǐ wéi zhōu chǔ sǐ le
负了伤。人们还以为周处死了，
suǒ yǐ pāi shǒu chēng kuài rèn wéi sān hài
所以拍手称快，认为“三害”
dōu bèi chú diào le
都被除掉了。

zhōu chǔ jiàn xiāng qīn men dōu pàn zhe tā sǐ cái zhī dào zì jǐ yǐ qián què
周处见乡亲们都盼着他死，才知道自己以前确
shí zuò de yǒu xiē guò fèn tā jué dìng gǎi guò zì xīn hòu lái zhōu chǔ gēn suí
实做得有些过分，他决定改过自新。后来，周处跟随
míng shì lù jī lù yún xué xí zhú jiàn gǎi diào è xí bìng qiě hái zuò le jiāng
名士陆机、陆云学习，逐渐改掉恶习，并且还做了将
jūn chéng wéi guó jiā
军，成为国家
de yǒu yòng zhī cái
的有用之才。

天津杨柳青年画《除三害》，讲述周处搏杀猛虎、蛟龙的故事

yù guì zhě　rén zhī tóng xīn yě　rén rén yǒu guì yú jǐ zhě
欲贵者，人之同心也。人人有贵于己者，
fú sī ěr yǐ　rén zhī suǒ guì zhě　fēi liáng guì yě
弗思耳矣。人之所贵者，非良贵也。

——《孟子·告子上》

【释义】希望尊贵，这是人们的共同心理。人人都有可尊贵的东西，只是不去考虑它罢了。别人给予的尊贵，不一定是真正的尊贵。

战国螭梁盉

毛遂自荐

zhàn guó shí qī　máo suì tóu bèn dào
战国时期，毛遂投奔到
zhào guó píng yuán jūn mén xià　sān nián wèi dé dào
赵国平原君门下，三年未得到
zhòng yòng　hòu lái　qín jūn gōng dǎ zhào guó
重用。后来，秦军攻打赵国
dū chéng hán dān　xíng shì wēi jí　zhào wáng
都城邯郸，形势危急，赵王
pài píng yuán jūn dào chǔ guó qiú yuán　píng yuán jūn zhǔn bèi tiāo xuǎn èr shí míng jīng gàn de
派平原君到楚国求援。平原君准备挑选二十名精干的
mén kè yì tóng qián qù　máo suì dé zhī xiāo xi hòu　qǐng qiú suí xíng　píng yuán jūn jiàn
门客一同前去，毛遂得知消息后，请求随行，平原君见
tā tài dù jiān jué　jiù tóng yì le
他态度坚决，就同意了。

到达楚国后，楚王惧怕秦国，犹豫不决。这时，毛遂手握长剑走上大殿，义正辞严地劝谏楚王，晓以利害，最终使楚王答应了派兵救赵、联合抗秦的要求。平原君称赞毛遂一席话胜过百万军队，对他的功劳给予了充分肯定。从此，毛遂受到平原君的重用，被奉为上宾。

清吴历绘《人物故事图册》之一，讲述毛遂自荐，随平原君出使楚国，在楚国大殿前义正辞严劝谏楚王，最终使楚国出兵救赵的故事

战国楚铜编钟

rén jiē kě yǐ wéi yáo shùn
人皆可以为尧、舜。

——《孟子·告子下》

【释义】 人人都可以成为尧、舜那样的圣贤。

佛性无南北

táng cháo shí huì néng zì yòu
唐朝时，慧能自幼
jiā jìng pín hán yǐ dǎ chái wéi shēng
家境贫寒，以打柴为生。
tā yí gè zì yě bú rèn shi yì tiān
他一个字也不认识，一天
tīng rén sòng dú jīn gāng jīng yīng
听人诵读《金刚经》“应
wú suǒ zhù ér shēng qí xīn xīn
无所住而生其心”，心
yǒu suǒ wù hòu jīng rén zhǐ diǎn qián
有所悟，后经人指点，前
wǎng qí zhōu huáng méi xiàn jīn hú běi
往蕲州黄梅县（今湖北
huáng méi xī běi dōng shān sì cān bài
黄梅西北）东山寺参拜
chán zōng wǔ zǔ hóng rěn dà shī
禅宗五祖弘忍大师。

明丁云鹏绘《六祖像图》

明戴进绘《达摩至慧能六代祖师图》中的五祖弘忍大师画像

弘忍问他："你是哪里人，要来求得什么？"慧能答道："弟子是岭南新州人，千里迢迢到这里来，只求成佛，不求其他什么。"弘忍又问："你来自偏远之地，又不识字，如何能够成佛？"慧能说："人有南北之分，佛性却无南北之别。"弘忍暗暗赞许，把他留在身边。日后，慧能作偈（佛经中的唱词）："菩提本无树，明镜亦非台，本来无一物，何处惹尘埃？"传承弘忍衣钵，成为禅宗六祖。

明戴进绘《达摩至慧能六代祖师图》中的六祖慧能画像

gù tiān jiāng jiàng dà rèn yú shì rén yě bì xiān kǔ qí xīn
故天将降大任于是人也，必先苦其心
zhì láo qí jīn gǔ è qí tǐ fū kōng fá qí shēn xíng fú luàn
志，劳其筋骨，饿其体肤，空乏其身，行拂乱
qí suǒ wéi suǒ yǐ dòng xīn rěn xìng zēng yì qí suǒ bù néng
其所为，所以动心忍性，曾益其所不能。

——《孟子·告子下》

【释义】所以上天要把重大的责任赋予一个人，一定要先使他的心志困苦，使他的筋骨劳累，使他的肠胃饥饿，使他的身体困乏，使他的每一个行为总是不能如意，这样就可以震动他的心志，坚韧他的性格，增强他的才干。

明谢时臣绘《妻不下机图》（局部），描绘苏秦学而无成，回家后，妻子不下织机的场景

苏秦发愤

sū qín shì zhàn guó shí qī de zòng
苏秦是战国时期的纵
héng jiā céng gēn suí guǐ gǔ zǐ xué xí
横家，曾跟随鬼谷子学习
zòng héng shù xué chéng hòu biàn mài jiā
纵横术，学成后变卖家
chǎn sì chù yóu shuì kě shì jǐ nián guò
产，四处游说。可是几年过
hòu què méi yǒu zuò dào yì guān bàn zhí zhǐ hǎo huí dào jiā li fù mǔ rèn wéi
后，却没有做到一官半职，只好回到家里。父母认为

战国透雕蟠螭纹铜镜

他没用，给他白眼；妻子认为他没出息，坐在织布机前不理他；兄嫂认为他没本事，不给他饭吃。这对苏秦的刺激很大，发誓一定要出人头地。

于是，苏秦开始发愤读书，困了就用锥子刺大腿来提神。经过一段时间的苦读，苏秦再次出游，他针对秦国的野心，提出联合对付秦国的合纵术，得到六国的认同，一下子身佩六国相印，成为显赫一时的名人。

天津杨柳青年画《六国封相》，讲述苏秦身佩六国相印，衣锦还乡的故事

shì gù zhī mìng zhě bú lì hū yán qiáng zhī xià jìn qí dào
是故知命者，不立乎岩墙之下。尽其道
ér sǐ zhě zhèngmìng yě zhì gù sǐ zhě fēi zhèngmìng yě
而死者，正命也；桎梏死者，非正命也。

——《孟子·尽心上》

【释义】所以知道天命的人，不会站在有坍塌危险的墙壁之下。尽力行道而死的人，他所受的是正命（顺应天理的命运）；犯罪受刑而死的人，他所受的就不是正命。

贤明的皇后

清乾隆年制《历代帝王像真迹》中的唐太宗李世民画像

táng cháo shí táng tài zōng dēng
唐朝时，唐太宗登
jī hòu cè fēng fū rén zhǎng sūn shì
基后，册封夫人长孙氏
wéi huáng hòu zhǎng sūn huáng hòu wēn róu
为皇后。长孙皇后温柔
xián shū zhèng zhí shànliáng bù jǐn xiào
娴淑，正直善良，不仅孝
jìng fù mǔ duì hòu gōng pín fēi yě fēi
敬父母，对后宫嫔妃也非
cháng hé qi tā shēng huó jiǎn pǔ
常和气。她生活简朴，

清人绘长孙无忌画像

cóng bù pū zhāng làng fèi zhè zhǒng
从不铺张浪费，这种
zuò fēng duì táng tài zōng zhì guó yě
作风对唐太宗治国也
yǒu jī jí de yǐng xiǎng
有积极的影响。

zhǎng sūn wú jì shì zhǎng
长孙无忌是长
sūn huáng hòu de gē ge yě shì
孙皇后的哥哥，也是
táng tài zōng de xīn fù zhī chén
唐太宗的心腹之臣，
táng tài zōng xiǎng bǎ zǎi xiàng zhī wèi
唐太宗想把宰相之位
jiāo gěi tā zhǎng sūn huáng hòu tīng
交给他。长孙皇后听
shuō hòu yí zài quàn zǔ dào
说后，一再劝阻道：
wǒ yǐ shì huáng hòu bù xiǎng zài ràng xiōng dì zǐ zhí biàn bù cháo tíng hàn cháo
“我已是皇后，不想再让兄弟子侄遍布朝廷。汉朝
shí lǚ hòu huò guāng liǎng jiā de jiào xùn zhí dé xī qǔ xī wàng bì xià bú yào ràng
时吕后、霍光两家的教训值得吸取，希望陛下不要让
gē ge dān rèn zǎi xiàng zhī zhí
哥哥担任宰相之职。”

táng tài zōng zhǐ dé zuò bà zhǎng sūn
唐太宗只得作罢。长孙
huáng hòu lín zhōng qián réng yí zài dīng
皇后临终前，仍一再叮
zhǔ táng tài zōng yào shàn dài xián chén
嘱唐太宗要善待贤臣，
bú yào ràng zì jǐ de jiā rén zài cháo
不要让自己的家人在朝
tíng zuò guān
廷做官。

唐鸳鸯蜂蝶纹镜

rén bù kě yǐ wú chǐ, wú chǐ zhī chǐ, wú chǐ yǐ
人不可以无耻，无耻之耻，无耻矣。

——《孟子·尽心上》

清任熊绘《列仙酒牌》中的王烈画像

【释义】一个人不可以没有羞耻之心，不知羞耻的那种羞耻，只是不知羞耻啊！

感化偷牛人

sān guó shí qī de wáng liè wéi rén qì
三国时期的王烈，为人气
dù huī hóng zài dāng dì hěn yǒu wēi wàng dāng
度恢宏，在当地很有威望。当
shí yí gè rén tōu le bié rén yì tóu niú bèi
时，一个人偷了别人一头牛，被
shī zhǔ zhuā zhù tōu niú rén shuō wǒ yì shí
失主抓住。偷牛人说：“我一时
guǐ mí xīn qiào tōu le nǐ de niú nǐ zěn me
鬼迷心窍，偷了你的牛，你怎么
chéng fá wǒ dōu xíng zhǐ qiú nǐ bú yào gào su
惩罚我都行，只求你不要告诉
wáng liè wáng liè zhī dào cǐ shì hòu lì jí tuō rén zèng gěi tōu niú rén yì pǐ
王烈。”王烈知道此事后，立即托人赠给偷牛人一匹
bù yǒu rén wèn tā wèi shén me zhè yàng zuò wáng liè jiě shì dào zuò le zéi
布。有人问他为什么这样做，王烈解释道：“做了贼

ér bú yuàn ràng wǒ
而不愿让我
zhī dào shuōmíng tā
知道，说明他
yǒu xiū chǐ zhī xīn
有羞耻之心，
wǒ sòng bù gěi tā shì
我送布给他是
wèi le jī lì tā gǎi
为了激励他改
guò zì xīn rén
过自新。”人

三国陶院落模型

清梁延年辑《圣谕像解》之《盗牛守剑》，讲述盗牛者受王烈感化，拾剑后坐等失主的故事

men tīng hòu zhí yáo tóu bù xiāng
们听后直摇头，不相
xìn tā zhè yàng zuò huì yǒu shén me
信他这样做会有什么
xiào guǒ
效果。

jǐ tiān hòu yí wèi lǎo rén
几天后，一位老人
diū le yì bǎ jiàn yí gè rén shǒu
丢了一把剑，一个人守
zhe jiàn děng dào bàng wǎn zhí dào
着剑等到傍晚，直到
wù guī yuán zhǔ cái huí jiā ér zhè
物归原主才回家，而这
wèi shí jīn bú mèi de rén zhèng shì
位拾金不昧的人正是
nà ge tōu niú rén dà jiā zhī dào
那个偷牛人。大家知道
cǐ shì hòu gèng jiā pèi fú wáng
此事后，更加佩服王
liè le
烈了。

gǔ zhī rén　dé zhì　zé jiā yú mín　bù dé zhì　xiū shēn
古之人，得志，泽加于民；不得志，修身
xiàn yú shì　qióng zé dú shàn qí shēn　dá zé jiān shàn tiān xià
见于世。穷则独善其身，达则兼善天下。

——《孟子·尽心上》

【释义】古代的人，得志时，恩泽施与百姓；不得志时，修养个人品德表现给世人。穷困的时候就独善其身，显达的时候便使天下同趋于善。

清人绘姚崇画像

姚崇治蝗

táng xuán zōng kāi yuán nián jiān　xiáo
唐玄宗开元年间，崤
shān yǐ dōng dì qū fā shēng le yán zhòng de
山以东地区发生了严重的
huáng zāi　dà pī zhuāng jia bèi huáng chóng
蝗灾，大批庄稼被蝗虫
chī diào　lǎo bǎi xìng mí xìn　zhǐ shì máng
吃掉。老百姓迷信，只是忙
zhe jì sì　yǎn zhēng zhēng de kàn zhe huáng chóng zuò suì ér bù gǎn bǔ shā　gè dì
着祭祀，眼睁睁地看着蝗虫作祟而不敢捕杀，各地
zāi qíng de zòu zhāng xiàng xuě piàn shì de fēi xiàng jīng chéng
灾情的奏章像雪片似的飞向京城。

zǎi xiàng yáo chóng tí yì yīng gāi cǎi qǔ jī jí cuò shī　bǎ huáng chóng chè dǐ
宰相姚崇提议应该采取积极措施，把蝗虫彻底

明人绘唐玄宗画像

xiāo miè táng xuán zōng tóng yì tā de yì
消灭。唐玄宗同意他的意
jiàn pài yù shǐ dà chén fēn tóu qù gè
见，派御史大臣分头去各
dì dū cù bǔ shā huáng chóng de gōng zuò
地督促捕杀蝗虫的工作。
dàn yǒu xiē guān yuán rèn wéi tiān zāi chú bù
但有些官员认为天灾除不
de yīn cǐ bù tīng cháo tíng de ān pái
得，因此不听朝廷的安排，
táng xuán zōng yě mǎn fù hú yí yáo chóng
唐玄宗也满腹狐疑。姚崇
shuō rú guǒ huáng zāi bù chú bǎi
说："如果蝗灾不除，百
xìng méi yǒu shōu cheng jiù huì bèi jǐng lí xiāng zhè zhí jiē guān xì dào cháo tíng de ān
姓没有收成，就会背井离乡，这直接关系到朝廷的安
wēi táng xuán zōng diǎn tóu chēng shì àn zhào yáo chóng de bù zhì huáng zāi zuì
危。"唐玄宗点头称是。按照姚崇的布置，蝗灾最
zhōng bèi xiāo miè le
终被消灭了。

清佚名绘《捕蝗图册》中的《扑捕飞蝗图》，描绘古人捕杀蝗虫的场景

mèng zǐ yuē　wú wéi qí suǒ bù wéi　wú yù qí suǒ bú
孟子曰："无为其所不为，无欲其所不
yù　rú cǐ ér yǐ yǐ
欲，如此而已矣。"

——《孟子·尽心上》

【释义】 孟子说："不要让他做不想做的事，不要让他想不想要的东西，这样就可以了。"

昏夜辞金

清末《历代名臣像解》中的杨震画像

yáng zhèn shì dōng hàn míng shì　shào
杨震是东汉名士，少
nián hào xué　bó lǎn qún jīng　rén chēng
年好学，博览群经，人称
guān xī kǒng zǐ　tā zuò guān hòu
"关西孔子"。他做官后，
wéi zhèng qīng lián　cóng bù jiē shòu bié rén
为政清廉，从不接受别人
de huì lù
的贿赂。

yí cì　yáng zhèn lù guò shān dōng chāng yì　tā de xué shēng wáng mì zhèng
一次，杨震路过山东昌邑，他的学生王密正
zài zhè lǐ zuò xiàn lìng　wǎn shang　wáng mì bài jiàn yáng zhèn　sòng shàng shí jīn huáng
在这里做县令。晚上，王密拜见杨震，送上十斤黄

清末民初马骀绘《古今人物画谱》之《杨震四知》图，描绘杨震拒收王密所送黄金的场景

jīn yángzhènshuō wǒ lǐ
金。杨震说：“我理
jiě nǐ de xīn qíng nǐ zěn me
解你的心情，你怎么
jiù bù lǐ jiě wǒ ne tā
就不理解我呢？”他
jiān jué bú yào wáng mì shuō
坚决不要。王密说：
ēn shī fàng xīn shōu xià ba
“恩师放心收下吧，
yè shēn rén jìng shì méi yǒu rén
夜深人静，是没有人
huì zhī dào zhè jiàn shì de
会知道这件事的。”
yáng zhèn shēng qì de shuō
杨震生气地说：
tiān zhī dào dì zhī dào
“天知道，地知道，
nǐ zhī dào wǒ zhī dào
你知道，我知道，
zěn me shuō méi yǒu rén zhī dào
怎么说没有人知道
ne wáng mì tīng hòu shí fēn
呢？”王密听后十分
cán kuì dài zhe huáng jīn lí kāi le cóng cǐ
惭愧，带着黄金离开了。从此，
rén men dōu zhī dào yángzhèn shì yí gè qīng lián wú sī
人们都知道杨震是一个清廉无私
de rén le
的人了。

东汉玉“宜子孙”毂纹璧

kǒng zǐ dēng dōng shān ér xiǎo lǔ dēng tài shān ér xiǎo tiān
孔子登东山而小鲁，登泰山而小天
xià gù guān yú hǎi zhě nán wéi shuǐ yóu yú shèng rén zhī mén zhě nán
下，故观于海者难为水，游于圣人之门者难
wéi yán
为言。

——《孟子·尽心上》

【释义】孔子登上东山，觉得鲁国变小了；登上泰山，觉得天下变小了；所以见过大海的人，就很难被别的水吸引；在圣人之门学习的人，就很难被别的言论吸引。

清叶衍兰绘徐霞客画像

旅行家徐霞客

xú xiá kè shì míng dài dì lǐ
徐霞客是明代地理
xué jiā shào nián shí zài jiā zhōng
学家，少年时在家中
wàn juàn lóu kǔ dú bó lǎn qún
“万卷楼”苦读，博览群
shū dú shū zhōng xú xiá kè fā xiàn
书。读书中，徐霞客发现
shān chuān miàn mù duō bèi tú jīng dì zhì
山川面目多被图经地志

明万历青花五彩人物纹葵花式洗

miáo huì de mó mó hú hú yú shì
描绘得模模糊糊，于是
jué xīn tàn qí cè yōu yǐ zhuī qiú
决心探奇测幽，以追求
zài dú wàn juàn shū xíng wàn lǐ
在“读万卷书，行万里
lù zhōng tí gāo zì wǒ xiū yǎng
路”中提高自我修养。

èr shí èr suì shí xú xiá
二十二岁时，徐霞
kè tà shàng le màn màn lǚ tú cǐ
客踏上了漫漫旅途，此
hòu sān shí duō nián jiān jī hū dōu
后三十多年间，几乎都
zài lǚ xíng zhōng dù guò tā pān dēng guo tài shān sōng shān huà shān héng shān
在旅行中度过。他攀登过泰山、嵩山、华山、恒山、
wǔ tái shān huáng shān lú shān tiān tāi shān yàn dàng shān děng míng shān hái céng
五台山、黄山、庐山、天台山、雁荡山等名山，还曾
shè hóng liú tàn dòng xué lì jìn jiān xiǎn zú jì biàn bù dà jiāng nán běi shí
涉洪流，探洞穴，历尽艰险，足迹遍布大江南北，实
dì kǎo chá bìng kē xué jì lù le zǔ guó de dì xíng dì mào shān chuān xíng shì hái
地考察并科学记录了祖国的地形地貌、山川形势，还
liú xià zhēn guì wén
留下珍贵文
xiàn xú xiá kè
献《徐霞客
yóu jì
游记》。

明刻本《三才图会》中的泰山图

yǒu wéi zhě pì ruò jué jǐng jué jǐng jiǔ rèn ér bù jí quán yóu
有为者辟若掘井，掘井九轫而不及泉，犹
wéi qì jǐng yě
为弃井也。

——《孟子·尽心上》

【释义】做一件事情就好像掘井一样，掘了六七丈深还没有见到泉水，就仍然是一口废井。

有志者事竟成

gěng yǎn shì dōng hàn dà jiàng lǚ jiàn
耿弇是东汉大将，屡建
zhàn gōng shì hàn guāng wǔ dì liú xiù duó qǔ
战功，是汉光武帝刘秀夺取
zhèng quán hé gǒng gù zhèng quán de zhòng yào jiàng
政权和巩固政权的重要将
lǐng yí cì liú xiù pài gěng yǎn qù gōng dǎ
领。一次，刘秀派耿弇去攻打
gē jù shān dōng qīng zhōu de háo qiáng zhāng bù
割据山东青州的豪强张步，
xiān hòu gōng xià zhù ē lì xià hé lín zī děng
先后攻下祝阿、历下和临淄等
dì zhāng bù shuài jūn fǎn gōng liǎng jūn zhǎn kāi
地。张步率军反攻，两军展开

清末《历代名臣像解》中的耿弇画像

清乾隆年制《历代帝王像真迹》中的汉光武帝刘秀画像

jué zhàn zhàn dòu zhōng gěng yǎn dà tuǐ
决战。战斗中，耿弇大腿
zhòng jiàn kě tā bá chū pèi jiàn kǎn duàn
中箭，可他拔出佩剑砍断
jiàn gǎn dài shāng jiān chí zuò zhàn
箭杆，带伤坚持作战。

liú xiù shuài bīng qián lái zhī yuán
刘秀率兵前来支援，
yuán bīng wèi dào shí gěng yǎn bù jiàng chén
援兵未到时，耿弇部将陈
jùn tí yì zàn shí xiū zhàn děng dào yuán
俊提议暂时休战，等到援
bīng dào dá hòu zài fā dòng jìn gōng gěng
兵到达后再发动进攻。耿
yǎn què rèn wéi bù néng bǎ kùn nan liú gěi
弇却认为不能把困难留给
bié rén jīng guò jī zhàn zuì zhōng dǎ
别人，经过激战，最终打
bài zhāng bù jǐ tiān hòu liú xiù qīn
败张步。几天后，刘秀亲
zì lái wèi wèn jūn duì tā zài zhòng
自来慰问军队，他在众
duō jiàng shì men miàn qián kuā jiǎng gěng yǎn
多将士们面前夸奖耿弇
shuō cóng qián nǐ zài nán yáng céng qǐng
说：“从前你在南阳曾请
qiú píng dìng zhāng bù wǒ dāng shí yǐ
求平定张步，我当时以
wéi nǐ kǒu qì tài dà kǒng pà nán yǐ
为你口气太大，恐怕难以
chéng gōng rú jīn cái zhī dào yǒu zhì
成功，如今才知道，有志
zhě shì jìng chéng a
者事竟成啊！”

清张士保绘《云台三十二将图》中的耿弇画像

jìn xìn shū zé bù rú wú shū wú yú wǔ
尽信《书》，则不如无《书》。吾于《武
chéng qǔ èr sān cè ér yǐ yǐ
成》，取二三策而已矣。

——《孟子·尽心下》

【释义】 完全相信《尚书》，还不如没有《尚书》。我对于《尚书》中的《武成》一篇，只取它两三片竹简的意思罢了。

按图索骥

sūn yáng shì chūn qiū shí qī qín
孙阳是春秋时期秦
guó de xiàng mǎ zhuān jiā shàn yú biàn
国的相马专家，善于辨
rèn qiān lǐ mǎ yīn wèi chuán shuō bó
认千里马。因为传说伯
lè shì fù zé guǎn lǐ tiān shàng mǎ pǐ
乐是负责管理天上马匹
de shén yīn cǐ rén men dōu jiào tā bó
的神，因此人们都叫他伯
lè jù shuō bó lè nián lǎo de shí
乐。据说，伯乐年老的时
hou gēn jù duō nián xiàng mǎ jīng yàn
候，根据多年相马经验，

清末民初马骀绘《古今人物画谱》之《伯乐相马》，描绘伯乐发现千里马的场景

元赵孟頫绘《相马图》

写成《相马经》一书，其中描绘了千里马的特征，并配有插图。

伯乐的儿子有些呆傻，他根据书中所说去找千里马，在路边看见一只大癞蛤蟆，便兴奋地对伯乐说：“您看，我找的这匹千里马，跟您书上说的差不多吧，高额头，大眼睛，只是蹄子不大一样。”伯乐气得哭笑不得，无奈地说：“可惜这匹‘千里马’喜欢蹦跶，没法驾驭呀！”

元佚名绘《相马图》

shēn bù xíng dào　bù xíng yú qī zǐ　shǐ rén bù yǐ dào
身不行道，不行于妻子；使人不以道，
bù néng xíng yú qī zǐ
不能行于妻子。

——《孟子·尽心下》

南宋佚名绘《孔子弟子像卷》中的曾参画像

【释义】自身不依道而行，那么道在妻子儿女身上就行不通（，更不要说对别人了）；使唤别人不依道而行，要去使唤妻子儿女也不可能（，更不要说使唤别人了）。

曾子杀猪

zēng zǐ shì kǒng zǐ de xué shēng　yǐ xiào
曾子是孔子的学生，以孝
zhù chēng　bèi hòu shì fēng wéi　zōng shèng　zēng
著称，被后世封为“宗圣”。曾
zǐ wéi rén chéng shí　jí shǐ duì hái zi yě tóng
子为人诚实，即使对孩子也同
yàng jiǎng xìn yòng　yì tiān　zēng zǐ de qī zi
样讲信用。一天，曾子的妻子
qù gǎn jí　ér zi fēi yào gēn zhe qù　mǔ qīn
去赶集，儿子非要跟着去。母亲
xián dài ér zi qù jí shì bù fāng biàn　jiù hǒng tā
嫌带儿子去集市不方便，就哄他

shuō hǎo hǎo zài jiā li
说：“好好在家里
wán děng wǒ huí lái le ràng
玩，等我回来了，让
fù qīn gěi nǐ shā zhū chī
父亲给你杀猪吃。”

西汉玉猪

zēng zǐ de qī zi cóng
曾子的妻子从
jí shì shang huí lái jiàn zēng zǐ zhèng zài mó dāo zhǔn bèi shā zhū jiù shuō zì jǐ
集市上回来，见曾子正在磨刀准备杀猪，就说自己
zhǐ shì shuōshuo ér yǐ zēng zǐ què shuō hái zi xiǎo bù dǒng shì yì jǔ yí
只是说说而已。曾子却说：“孩子小不懂事，一举一
dòng dōu gēn fù mǔ xué nǐ jīn tiān piàn tā tā míng tiān jiù huì qù piàn bié rén
动都跟父母学，你今天骗他，他明天就会去骗别人，
zhè zěn me néng xíng ne zuì zhōng jiān chí bǎ zhū shā le zēng zǐ yòng zì jǐ de
这怎么能行呢？”最终坚持把猪杀了。曾子用自己的
xíngdòng jiào yù hái zi yí dìng yào zuò chéng shí shǒu xìn de rén
行动，教育孩子一定要做诚实守信的人。

曾参以孝著称，此图为清王素绘《二十四孝图》之《曾参啮指心痛》，讲述曾参与母亲心意相通的故事

mín wéi guì shè jì cì zhī jūn wéi qīng shì gù dé hū qiū mín

民为贵，社稷次之，君为轻。是故得乎丘民

ér wéi tiān zǐ dé hū tiān zǐ wéi zhū hóu dé hū zhū hóu wéi dà fū

而为天子，得乎天子为诸侯，得乎诸侯为大夫。

——《孟子·尽心下》

【释义】百姓最重要，土神、谷神是次要的，君主是最轻的。所以得到百姓拥护的就能做天子，得到天子信任的就能做诸侯，得到诸侯信任的就能做大夫。

赵威后问齐使

zhàn guó shí qī qí xiāng wáng pài shǐ zhě chū fǎng zhào guó dāng shí zhào

战国时期，齐襄王派使者出访赵国。当时，赵

xiào chéng wáng nián yòu qí mǔ zhào wēi hòu zhǔ chí cháo zhèng zhào wēi hòu shì hěn yǒu jiàn

孝成王年幼，其母赵威后主持朝政。赵威后是很有见

jiě de nǚ zhèng zhì jiā tā

解的女政治家，她

jiàn dào qí guó shǐ zhě guó shū

见到齐国使者，国书

hái wèi qǐ fēng biàn wèn dào

还未启封，便问道：

qí guó jīn nián de shōu cheng

“齐国今年的收成

战国包金嵌玉银带钩

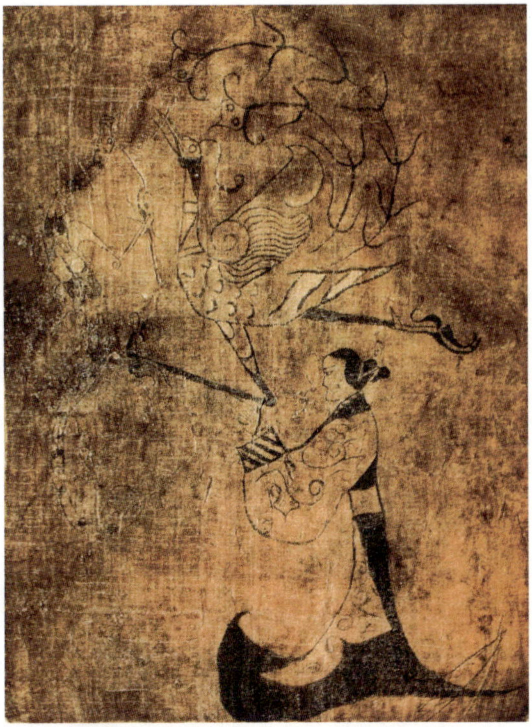

湖南长沙战国楚墓出土的《人物龙凤帛画 》

hái hǎo ba bǎi xìng ān lè ba
还好吧？百姓安乐吧？
qí wáng shēn tǐ hái hǎo ba
齐王身体还好吧？”
qí guó shǐ zhě jiàn tā zhè yàng wèn
齐国使者见她这样问，
bù gāo xìng de shuō zài xià fèng
不高兴地说：“在下奉
guó jūn zhī mìng tè dì lái bài fǎng
国君之命，特地来拜访
nín ér nín què xiān wèn bǎi xìng zhī
您，而您却先问百姓之
shì zuì hòu cái wèn hòu qí wáng
事，最后才问候齐王，
nán dào néng bǎ bēi jiàn de fàng zài
难道能把卑贱的放在
qián miàn ér bǎ zūn guì de fàng zài
前面，而把尊贵的放在
hòu miàn ma
后面吗？”

zhào wēi hòu cóng róng de dá dào bú shì zhè yàng de rú guǒ méi yǒu
赵威后从容地答道：“不是这样的。如果没有
shōu cheng bǎi xìng kào shén me shēng huó rú guǒ méi yǒu bǎi xìng zěn me néng yǒu guó
收成，百姓靠什么生活？如果没有百姓，怎么能有国
jūn suǒ yǐ wǒ cái yǒu zhè yàng de wèn hòu
君？所以我才有这样的问候
cì xù nǎ yǒu piē kāi gēn běn ér xiān wèn
次序，哪有撇开根本而先问
zhī jié de dào lǐ
枝节的道理？”

战国凤鸟纹瓦当

贤者以其昭昭，使人昭昭；今以其昏昏，使人昭昭。

——《孟子·尽心下》

【释义】古时的贤人，先使自己明白道理，然后再让他人明白；现在的人，自己还糊里糊涂，却想让别人明白道理。

台北故宫博物院藏孔子画像

两小儿辩日

春秋时期，孔子周游列国，途中遇到两个孩子在争论，他们见孔子走过来，就请他做裁判。一个孩子说：“太阳刚出来时大如车盖，中午时却小如盘子，所以太阳刚出来时离人们近，中午时离人们远。”另一个孩子不服地说：“太阳刚出来时凉飕飕的，中午时却热得

宋佚名绘《沧海涌日图》

hěn suǒ yǐ tài yáng gāng chū lái
很，所以太阳刚出来
shí lí rén men yuǎn zhōng wǔ shí
时离人们远，中午时
lí rén men jìn
离人们近。”

kǒng zǐ jué de liǎng gè hái
孔子觉得两个孩
zi shuō de dōu yǒu dào lǐ yì
子说的都有道理，一
shí bù zhī shéi de dào lǐ duì
时不知谁的道理对，
shéi de dào lǐ cuò liǎng gè hái
谁的道理错。两个孩
zi jiàn kǒng zǐ dá bú shàng lái fǎn wèn dào shéi shuō nǐ zhī shi yuān bó ya
子见孔子答不上来，反问道：“谁说你知识渊博呀？
yuán lái nǐ yě yǒu bù dǒng de dì fang kǒng zǐ tīng le liǎng gè hái zi de zé
原来你也有不懂的地方！”孔子听了两个孩子的责
bèi lián lián kuā jiǎng dào hòu shēng kě wèi hòu shēng kě wèi a
备，连连夸奖道：“后生可畏，后生可畏啊！”

清徐扬绘《日月合璧五星联珠》（局部），描绘古人观天象的场景

zhū hóu zhī bǎo sān tǔ dì rén mín zhèng shì bǎo zhū yù
诸侯之宝三：土地，人民，政事。宝珠玉
zhě yāng bì jí shēn
者，殃必及身。

——《孟子·尽心下》

【释义】诸侯的宝贝有三种：土地、百姓和政治。把珍珠美玉当宝贝的，灾祸一定会降临到他的身上。

明刻本《东周列国志》插图《晋荀伯假途灭虢》，描绘晋军灭虢国后顺路灭掉虞国的场景

唇亡齿寒

chūn qiū shí qī jìn xiàn gōng
春秋时期，晋献公
wèi le kuò dà dì pán zhǔn bèi pài bīng
为了扩大地盘，准备派兵
gōng dǎ guó guó dàn liǎng guó zhī jiàn gé
攻打虢国。但两国之间隔
zhe yí gè yú guó yào xiǎng gōng dǎ guó
着一个虞国，要想攻打虢
guó jiù bì xū xiàng yú guó jiè lù
国，就必须向虞国借路。
yú shì jìn xiàn gōng pài dà chén xún xī
于是，晋献公派大臣荀息
dài zhe měi yù hé bǎo mǎ dào yú guó qù
带着美玉和宝马到虞国去

山西侯马晋国遗址出土的铜鉴

jiè lù
借路。

yú wáng tān tú měi yù hé bǎo
虞王贪图美玉和宝

mǎ zhǔn bèi dā ying jìn guó de yāo
马，准备答应晋国的要

qiú dà chén gōng zhī qí quàn zǔ yú
求。大臣宫之奇劝阻虞

wáng shuō yú guó hé guó guó de guān xì jiù rú tóng zuǐ chún hé yá chǐ yí yàng
王说：“虞国和虢国的关系就如同嘴唇和牙齿一样，

xiāng hù yī cún zuǐ chún méi yǒu le yá chǐ jiù huì bào lù zài wài ér gǎn dào
相互依存，嘴唇没有了，牙齿就会暴露在外而感到

hán lěng rú guǒ guó guó zǎo chen bèi miè diào yú guó dào wǎn shang yě huì bèi miè
寒冷。如果虢国早晨被灭掉，虞国到晚上也会被灭

diào yú wáng méi yǒu cǎi nà
掉。”虞王没有采纳

gōng zhī qí de jiàn yì bǎ dào
宫之奇的建议，把道

lù jiè gěi le jìn guó jié guǒ
路借给了晋国。结果，

jìn guó miè diào guó guó hòu bèi
晋国灭掉虢国后，背

xìn qì yì shùn lù yòu miè diào
信弃义，顺路又灭掉

le yú guó
了虞国。

清末民初石刻本《东周列国志》插图《智荀息假途灭虢》，描绘晋献公灭虞国后，看着自己早先送给虞王的宝马大发感慨的场景

yǎng xīn mò shàn yú guǎ yù qí wéi rén yě guǎ yù suī yǒu
养心莫善于寡欲。其为人也寡欲，虽有
bù cún yān zhě guǎ yǐ qí wéi rén yě duō yù suī yǒu cún yān
不存焉者，寡矣；其为人也多欲，虽有存焉
zhě guǎ yǐ
者，寡矣。

——《孟子·尽心下》

【释义】修养心性的方法最好是减少物质欲望。一个人求利的欲望少，即使善性有所丧失，也是很少的；一个人求利的欲望多，即使善性有所保存，也是很少的。

清人绘隋文帝杨坚画像

文帝节俭

suí wén dì yáng jiān zài lì shǐ
隋文帝杨坚在历史
shang yǐ qín zhèng jié jiǎn zhù chēng tā
上以勤政节俭著称，他
xī qǔ běi zhōu xuān dì shē chǐ wáng guó
吸取北周宣帝奢侈亡国
de jiào xùn rèn dìng lì jiǎn zé
的教训，认定“力俭则
fù tān shē zé wáng de dào lǐ
富，贪奢则亡”的道理，

隋唐洛阳城莲花纹方砖

主政后厉行节俭，克制欲望。他居住的地方，布置得简单朴素；宫中的嫔妃都穿普通布衣，不允许穿华丽的衣服；他乘坐的车子虽已陈旧，让工匠修理后仍继续使用；他平时的饭菜也较为简单，不过是几样素菜。

隋文帝不仅严于律己，对大臣要求也很严格。一次，相州刺史为讨好他，献上不少绫罗绸缎，结果被隋文帝焚毁于朝堂之上。此后，再也没有出现过贡物邀宠的人，俭朴之风蔚然而成。

唐阎立本绘《历代帝王图卷》中的隋文帝画像

孟子选读

梁惠王上

苟为后义而先利，不夺不餍。未有仁而遗其亲者也，未有义而后其君者也。

古之人与民偕乐，故能乐也。

谷与鱼鳖不可胜食，材木不可胜用，是使民养生丧死无憾也。养生丧死无憾，王道之始也。

庖有肥肉，厩有肥马，民有饥色，野有饿莩，此率兽而食人也。兽相食，且人恶之。为民父母，行政不免于率兽而食人。恶在其为民父母也？

王如施仁政于民，省刑罚，薄税敛，深耕易耨；壮者以暇日修其孝悌忠信，入以事其父兄，出以事其长上，可使制梃以挞秦楚之坚甲利兵矣。

保民而王，莫之能御也。

挟太山以超北海，语人曰“我不能”，是诚不能也。为长者折枝，语人曰“我不能”，是不为也，非不能也。

老吾老，以及人之老；幼吾幼，以及人之幼。天下可运于掌。

权，然后知轻重；度，然后知长短。物皆然，心为甚。

缘木求鱼，虽不得鱼，无后灾。以若所为，求若所欲，尽心力而为之，后必有灾。

明君制民之产，必使仰足以事父母，俯足以畜妻子，乐岁终身饱，凶年免于死亡。然后驱而之善，故民之从之也轻。

梁惠王下

曰：“独乐乐，与人乐乐，孰乐？”曰：“不若与人。”曰：“与少乐乐，与众乐乐，孰乐？”曰：“不若与众。”

王曰：“寡人有疾，寡人好勇。”对曰：“王请无好小勇。夫抚剑疾视曰，‘彼恶敢当我哉！’此匹夫之勇，敌一人者也。王请大之！”

乐民之乐者，民亦乐其乐；忧民之忧者，民亦忧其忧。乐以天下，忧以天下，然而不王者，未之有也。

从流下而忘反谓之流，从流上而忘反谓之连，从兽无厌谓之荒，乐酒无厌谓之亡。先王无流连之乐、荒亡之行。

曰：“贼仁者谓之‘贼’，贼义者谓之‘残’，残贼之人谓之‘一夫’。闻诛一夫纣矣，未闻弑君也。”

以万乘之国伐万乘之国，箪食壶浆以迎王师，岂有他哉？避水火也。如水益深，如火益热，亦运而已矣。

孟子对曰：“曾子曰：‘戒之戒之！出乎尔者，反乎尔者也。’夫民今而后得反之也。君无尤焉！君行仁政，斯民亲其上，死其长矣。”

公孙丑上

虽有智慧，不如乘势；虽有镃基，不如待时。

孟施舍之所养勇也，曰：“视不胜犹胜也。量敌而后进，虑胜而后会，是畏三军者也。舍岂能为必胜哉？能无惧而已矣。”

昔者曾子谓子襄曰：“子好勇乎？吾尝闻大勇于夫子矣：自反而不缩，虽褐宽博，吾不惴焉；自反而缩，虽千万人，吾往矣。”孟施舍之守气，又不如曾子之守约也。

夫志，气之帅也；气，体之充也。夫志至焉，气次焉。故曰：“持其志，无暴其气。”

“敢问何谓浩然之气？”曰：“难言也。其为气也，至大至刚，以直养而无害，则塞于天地之间。其为气也，配义与道；无是，馁也。”

宋人有闵其苗之不长而揠之者，芒芒然归，谓其人曰：“今日病矣！予助苗长矣！”其子趋而往视之，苗则槁矣。天下之不助苗长者寡矣。

以力服人者，非心服也，力不赡也；以德服人者，中心悦而诚服也，如七十子之服孔子也。

祸福无不自己求之者。《诗》云：“永言配命，自求多福。”《太甲》曰：“天作孽，犹可违；自作孽，不可活。”此之谓也。

尊贤使能，俊杰在位，则天下之士皆悦而愿立于其朝矣。

孔子曰：“里仁为美。择不处仁，焉得智？”夫仁，天之尊爵也，人之安宅也。莫之御而不仁，是不智也。

子路，人告之以有过，则喜；禹闻善言，则拜。

取诸人以为善，是与人为善者也。故君子莫大乎与人为善。

公孙丑下

天时不如地利，地利不如人和。

得道者多助，失道者寡助。寡助之至，亲戚畔之；多助之至，天下顺之。以天下之所顺，攻亲戚之所畔，故君子有不战，战必胜矣。

故将大有为之君，必有所不召之臣，欲有谋焉，则就之。其尊德乐道，不如是，不足与有为也。

古之君子，过则改之；今之君子，过则顺之。古之君子，其过也，如日月之食，民皆见之；及其更也，民皆仰之。今之君子，岂徒顺之，又从为之辞。

予岂若是小丈夫然哉？谏于其君而不受，则怒，悻悻然见于其面，去则穷日之力而后宿哉？

滕文公上

民之为道也，有恒产者有恒心，无恒产者无恒心。苟无恒心，放辟邪侈，无不为已。及陷乎罪，然后从而刑之，是罔民也。焉有仁人在位罔民而可为也？

或劳心，或劳力；劳心者治人，劳力者治于人；治于人者食人，治人者食于人，天下之通义也。

人之有道也，饱食、暖衣、逸居而无教，则近于禽兽。圣人有忧之，使契为司徒，教以人伦：父子有亲，君臣有义，夫妇有别，长幼有叙，朋友有信。

分人以财谓之惠，教人以善谓之忠，为天下得人者谓之仁。是故以天下与人易，为天下得人难。

滕文公下

枉己者，未有能直人者也。

居天下之广居，立天下之正位，行天下之大道；得志，与民由之；不得志，独行其道。

富贵不能淫，贫贱不能移，威武不能屈，此之谓大丈夫。

孟子曰："非其道，则一箪食不可受于人；如其道，则舜受尧之天下，不以为泰，子以为泰乎？"

一齐人傅之，众楚人咻之，虽日挞而求其齐也，不可得矣；引而置之庄岳之间数年，虽日挞而求其楚，亦不可得矣。

今有人日攘其邻之鸡者，或告之曰："是非君子之道。"曰："请损之，月攘一鸡，以待来年，然后已。"如知其非义，斯速已矣，何待来年？

《春秋》，天子之事也。是故孔子曰："知我者，其惟《春秋》乎；罪我者，其惟《春秋》乎！"

我亦欲正人心，息邪说，距诐行，放淫辞，以承三圣者。岂好辩哉？予不得已也！

离娄上

暴其民甚，则身弑国亡；不甚，则身危国削。名之曰"幽""厉"，虽孝子慈孙，百世不能改也。

三代之得天下也，以仁；其失天下也，以不仁。国之所以废兴存亡者亦然。

爱人不亲，反其仁；治人不治，反其智；礼人不答，反其敬。行有不得者，皆反求诸己，其身正，而天下归之。

天下有道，小德役大德，小贤役大贤；天下无道，小役大，弱役强。斯二者，天也。顺天者存，逆天者亡。

夫人必自侮，然后人侮之；家必自毁，而后人毁之；国必自伐，而后人伐之。

得天下有道：得其民，斯得天下矣。得其民有道：得其心，斯得民矣。得其心有道：所欲与之聚之，所恶勿施尔也。

诚者，天之道也；思诚者，人之道也。至诚而不动者，未之有也；不诚，未有能动者也。

惟大人为能格君心之非。君仁，莫不仁；君义，莫不义；君正，莫不正。一正君而国定矣。

离娄下

君之视臣如手足，则臣视君如腹心；君之视臣如犬马，则臣视君如国人；君之视臣如土芥，则臣视君如寇仇。

孟子曰："大人者，不失其赤子之心者也。"

以善服人者，未有能服人者也；以善养人，然后能服天下。

汤执中，立贤无方。

可以取，可以无取，取伤廉；可以与，可以无与，与伤惠；可以死，可以无死，死伤勇。

君子所以异于人者，以其存心也。君子以仁存心，以礼存心。仁者爱人，有礼者敬人。爱人者，人恒爱之；敬人者，人恒敬之。

颜子当乱世，居于陋巷，一箪食，一瓢饮，人不堪其忧，颜子不改其乐，孔子贤之。

万章上

故说诗者，不以文害辞，不以辞害志。以意逆志，是为得之。

非其义也，非其道也，禄之以天下，弗顾也；系马千驷，弗视也。非其义也，非其道也，一介不以与人，一介不以取诸人。